CUANDO EL
ABUSO ESPIRITUAL
ENTRA
EN LA
IGLESIA

SANANDO COMUNIDADES HERIDAS POR
LA MANIPULACIÓN EMOCIONAL Y EL NARCISISMO

CHUCK DEGROAT

Editorial **CLIE**

EDITORIAL CLIE
C/ Ferrocarril, 8
08232 VILADECAVALLS
(Barcelona) ESPAÑA
E-mail: clie@clie.es
http://www.clie.es

CLIE

Publicado originalmente en inglés bajo el título *When Narcissism Comes to Church: Healing Your Community From Emotional and Spiritual Abuse* © 2020 por Chuck DeGroat. Con permiso de InterVarsity Press. Downers Grove, IL.

CUANDO EL ABUSO ESPIRITUAL ENTRA EN LA IGLESIA
Sanando comunidades heridas por la manipulación emocional y el narcisismo
ISBN: 978-84-19779-78-6
Depósito legal: B 14090-2025
Vida cristiana / Temas sociales
REL012110

«Agradezco que Chuck DeGroat haya escrito este libro. Él es la persona más indicada que podría imaginar para escribirlo y *la* persona que yo querría como guía en este tema. Chuck tiene una riqueza de sabiduría para ofrecer, ya que ha aconsejado a aquellos con trastorno de la personalidad narcisista, así como a los profundamente heridos por líderes narcisistas. Este libro está lleno de compasión tanto para los narcisistas como para los afectados por el poder destructivo del narcisismo».

Justin S. Holcomb, sacerdote episcopal, profesor de seminario y coautor de *Rid of My Disgrace: Hope and Healing for Victims of Sexual Assault*

«Si se pregunta por qué su familia y amigos han abandonado la iglesia o por qué a menudo se siente más perdido que encontrado cuando entra en el santuario, este libro es para usted. Tanto si eres el pastor como el feligrés, Chuck DeGroat hace las preguntas más honestas sobre la iglesia y el liderazgo de la iglesia que la mayoría de nosotros tenemos miedo de expresar, a pesar de que hierven a fuego lento en nuestros corazones y nos dejan hirviendo de confusión y vacío. Este libro no lo desafiará a coger piedras y lanzarlas a través de las vidrieras, sino que lo incitará a mirar en su interior y encontrar su verdadera estrella polar para seguirla a través del desierto de la iglesia hacia una auténtica espiritualidad de vivir, servir, adorar, invitar y estar en comunión en el amor atado a algo mucho más grande que nuestras pequeñas denominaciones, programas de construcción o cruzadas de evangelización, a Alguien mucho más grande que nosotros mismos».

Sharon A. Hersh, terapista y autora de *The Last Addiction: Why Self-Help is Not*

«¿Por qué estamos empezando a hablar del narcisismo en nuestros líderes espirituales? Chuck DeGroat cree que es porque lo hemos estado recompensando en nuestras iglesias. ¡Y tiene toda la razón! Más que simplemente denunciar el narcisismo, DeGroat desentraña hábilmente cómo se manifiesta en líderes de iglesias grandes y pequeñas, en queridas celebridades cristianas y en hombres y mujeres aparentemente piadosos. *Cuando el abuso espiritual entra en la iglesia* desvela con sumo cuidado nuestro "yo verdadero". Necesitamos este trabajo pastoral-qui-rúrgico. Confíe en la sabia guía ofrecida por Chuck DeGroat, que nos lleva a través de nuestras ilusiones hacia la sanación que nuestras almas y sistemas necesitan desesperadamente».

Dan White Jr., autor de *Love Over Fear*,
cofundador de Praxis Gathering

«No quiero ni aventurarme a adivinar por qué me pidieron que recomendara este libro. El último libro de Chuck DeGroat es como una "espada de dos filos; y penetra hasta la división del alma y del espíritu, de las coyunturas y de los tuétanos, y discierne los pensamientos y las intenciones del corazón". Chuck maneja su bisturí pastoral con precisión quirúrgica, rajando, extirpando y recortando donde más lo necesito».

Tim Blackmon, capellán, Wheaton College

«Si usted, como tantos otros, ha sido atraído por el brillante barniz del narcisismo, solo para quedar destrozado, confundido y lleno de vergüenza, encontrará ayuda en estas páginas. En *Cuando el abuso espiritual entra en la iglesia*, Chuck DeGroat descorre ágilmente el velo, exponiendo los múltiples rostros del narcisismo y ayudándonos a ver lo que hay debajo. Basándose en décadas de experiencia, DeGroat escribe con honestidad, sabiduría y compasión, proporcionando ayuda a los heridos y esperanza a la iglesia».

Alison Cook, terapista y coautora de *Boundaries for Your Soul*

«Ahora mismo se necesita urgentemente un libro sobre este tema. Pero más que eso, necesitamos un tratado profundamente reflexivo sobre este tema que también señale un saludable camino a seguir. Este es ese libro. Todos podemos aprender algo de las palabras de Chuck, pero lo más importante es que podemos adquirir el valor necesario para enfrentarnos a esta fuerza destructiva en nuestras iglesias».

Nancy Ortberg, directora general de
Transforming the Bay with Christ

«*Cuando el abuso espiritual entra en la iglesia* demuestra lo que muchos de nosotros sabemos desde hace años: que Chuck DeGroat es un experto cirujano del alma. Su libro más reciente —que llevó veinte años de preparación— es el "texto quirúrgico" definitivo para diagnosticar y tratar el alma de los líderes narcisistas. Capa sobre capa, revela hábilmente cómo se desarrolla el narcisismo, por qué es tan frecuente en el liderazgo de la iglesia y cómo traumatiza a las comunidades eclesiásticas. Sin embargo, el mayor regalo de este libro es que, a medida que DeGroat expone hábilmente la herida primaria que se encuentra muy por debajo de la superficie del narcisismo, nos ayuda dulcemente a ver el dolor y la herida en nuestra propia alma. Desde el clásico libro de Henri Nouwen, *El sanador herido*, no había encontrado un libro tan esencial sobre el liderazgo».

Michael John Cusick, fundador y director general de Restoring the Soul, autor de *El sexo, mis deseos y mi Dios*

«Contratar a (casarse con, trabajar con o para, o ser pastoreado por) un narcisista es como construir una casa en una llanura aluvial. El terreno es magnífico, pero a su debido tiempo la inundación devorará todo lo que te ha costado tanto edificar. Chuck DeGroat traspasa la resplandeciente imagen del narcisismo y expone con brillantez el funcionamiento interno de un corazón vacío y lleno de vergüenza, así como las devastadoras consecuencias de que los cristianos se sientan tan atraídos por los narcisistas en la iglesia y en la política. Se trata de una obra histórica, llena de sabiduría, ternura, honor y esperanza. Si queremos ofrecer esperanza en el evangelio a una cultura narcisista, debemos atender al narcisismo profundamente arraigado en nuestra propia comunidad creyente. Se trata de un sentido llamamiento a un cambio cultural radical. Una lectura imprescindible».

Dan B. Allender, catedrático de psicología de la consejería y presidente fundador de la Seattle School of Theology and Psychology, autor de *The Wounded Heart* y *Healing the Wounded Heart*

«En el trabajo del alma, ponemos nombre a las cosas para domarlas. Y no hay nada que necesite ser más domado que el narcisismo desenfrenado que no solo forma parte de nuestro paisaje cultural, sino que se esconde a plena vista en mi propia vida. En *Cuando el abuso espiritual entra en la iglesia*, Chuck DeGroat no se anda con rodeos a la hora de calificar el tema como el leviatán que es, al tiempo que ofrece esperanza a través de historias reales de redención. Exhaustivo en su alcance, accesible en su aplicación y generosamente amable en su espíritu, este libro proporcionará a pastores y laicos por igual la sabiduría y el coraje necesarios para la curación y la renovación del alma de la iglesia en los años venideros».

Curt Thompson, psiquiatra, autor de *The Soul of Shame* y *Anatomy of the Soul*

«*Cuando el abuso espiritual entra en la iglesia* articula de forma excelente el llamado misericordioso de Dios a volver al camino, la verdad y la vida. Basado en su experiencia y pericia, Chuck DeGroat nos guía a través de la oscuridad de nuestra cultura obsesionada consigo misma. La luz de este libro pone al descubierto la enfermedad que existe en gran parte del liderazgo de nuestra iglesia. ¡Que Dios use esta obra para llevarnos al arrepentimiento!».

Tyler Johnson, pastor principal de la Redemption Church Arizona

«Leyendo este libro, uno empieza a darse cuenta de que el trabajo y el diagnóstico de DeGroat provienen de años de tener su estetoscopio en el pulso de la iglesia. Demuestra ser un experimentado eclesiástico —que entiende y trabaja dentro de iglesias, seminarios, denominaciones y redes—, pero también un competente director espiritual que nos guía hacia la sanación».

John Starke, pastor principal de la Apostles Church Uptown en la ciudad de Nueva York, autor de *The Possibility of Prayer*

El placer que habita su corazón cuando hace cosas difíciles, y consigue hacerlas bien, le dice secretamente: «Soy un santo». Luego advierte que otros lo admiran. El placer arde con fuego dulce, devorador. El calor de ese fuego se parece mucho al del amor de Dios. Es un fuego alimentado por las mismas virtudes que nutrían la llama de la caridad. Arde en admiración de sí mismo y piensa: «Es el fuego del amor de Dios». Confunde su propio orgullo con el Espíritu Santo. Ese dulce calor de placer se convierte en criterio para todas sus obras. El gusto que encuentra en actos que lo hacen admirable a sus propios ojos, lo impele a ayunar, a orar, a ocultarse en la soledad, a escribir muchos libros, a construir iglesias y hospitales o iniciar un millar de organizaciones. Y si tienen éxito piensa que su sentimiento de satisfacción es la unción del Espíritu Santo. Y la secreta voz del placer canta en su corazón: «Non sum sicut caeteri homines» ("No soy como los demás hombres"). Emprendido este camino, no hay límite para el mal que su satisfacción de sí mismo pueda empujarlo a hacer en el nombre de Dios y de su amor, y por su gloria. Está tan contento de sí que ya no le es posible tolerar el consejo ajeno... ni las órdenes de un superior. Cuando alguien se opone a sus deseos, junta las manos humildemente y parece aceptarlo por un tiempo; pero en su corazón está diciendo: «Soy perseguido por gente mundana. Son incapaces de comprender a quien guía el Espíritu de Dios. Con los santos siempre ha ocurrido así». Después de esto, es diez veces más obstinado. Cosa terrible es cuando de un hombre así se apodera la idea de que es profeta o mensajero de Dios, o de que le incumbe la misión de reformar al mundo. Es capaz de destruir la religión y hacer que el nombre de Dios sea odioso para los hombres.

Thomas Merton, *Semillas de contemplación*

CONTENIDO

PRÓLOGO

Richard J. Mouw

Chuck DeGroat y yo hemos estado juntos en varias ocasiones, y también hemos mantenido correspondencia sobre asuntos de interés mutuo, pero no puedo decir que nos conozcamos bien. Sin embargo, mientras leía este libro maravillosamente perspicaz, tuve la sensación de estar conversando con un amigo íntimo sobre cultos y reuniones —¡y más de una reunión privada con parejas casadas!— en los que él y yo habíamos estado presentes. El hecho de que asigne nombres ficticios a las personas de los estudios de casos que narra incluso me tentó en varios momentos a dar nombres reales a las personas de sus historias.

Mis frecuentes experiencias "ajá" al leer lo que ha escrito me indican que está debatiendo cuestiones que nos resultan demasiado familiares a quienes prestamos una mínima atención a lo que sucede hoy en día en la comunidad cristiana y en la cultura en general. Mientras leía este libro, me sorprendió la frecuencia con la que las noticias y las conversaciones informales incluyen la palabra *narcisista*. Se trata de un libro que habla de asuntos que forman parte de nuestra vida cotidiana.

Sin duda, Chuck hace aquí algo más que recordarnos cosas que nos son familiares. Para mí, sus ideas proceden de una perspectiva que va mucho más allá de mi propia área de especialización. Me asombra cómo combina la experiencia pastoral con la comprensión de la teoría psicológica y los conocimientos terapéuticos. Y lo hace —y en esto *puedo* afirmar que tengo cierta experiencia— con una teología sólida.

Hay mucho en estas páginas que nos informa sobre diferentes aspectos y tipos de personalidades narcisistas. Sin embargo, lo que me parece más útil es la forma en que indaga bajo la superficie de estas categorizaciones. Al principio, por ejemplo, cita la provocadora observación de Christopher Lasch de que el narcisismo es el «anhelo de quedar liberado del anhelo», un camino que algunos individuos siguen para distanciarse de su humanidad. Esto nos remite a la profunda insistencia agustiniana de que los seres humanos hemos sido creados con espíritus inquietos que solo pueden encontrar satisfacción en una relación sana con el Dios vivo. El narcisismo, como queda claro a lo largo de estas páginas, es uno de los medios que emplean los individuos para alejarse de su verdadera humanidad.

Este libro contiene material difícil. Chuck se queja con razón de que el narcisismo entre los líderes pastorales es una realidad poco estudiada, y traza medidas correctivas alertándonos sobre las señales de advertencia. Con la dureza del material, sin embargo, también viene la esperanza, ya que proporciona pruebas concretas de que los propios narcisistas pueden encontrar caminos hacia la plenitud. Pero la esperanza que se ofrece aquí no es solo para el narcisista empedernido. Chuck nos insta a todos, y con razón, a comprometernos en el difícil "trabajo de sombras" que requiere enfrentarnos directamente a los lados más oscuros de nuestra psique individual. Cuando lo hacemos, promete, podemos descubrir en la oscuridad algunos de los "santos anhelos" que Dios ha implantado en nosotros para el viaje hacia la búsqueda de nuestra verdadera humanidad.

PRÓLOGO A LA EDICIÓN EN ESPAÑOL

Harold Segura C.

Hace años, mientras conversaba con un amigo sobre los males que aquejan a nuestras comunidades de fe, me lanzó una frase que quedó resonando en mi mente: el problema no son los líderes narcisistas, sino las iglesias narcisistas. En aquel momento, lo tomé como una exageración, quizás una forma provocativa de señalar el egocentrismo de algunos pastores y ministros. Pero con el tiempo, observando lo que ocurre en la iglesia contemporánea, independientemente de su confesión o fe, especialmente en aquellas que se han hecho "grandes" —solo en números, en visibilidad, en espectáculo—, comprendí que su afirmación no era descabellada.

La cultura en la que vivimos fomenta el narcisismo: lo premia en el mundo empresarial, lo encumbra en la política (lo estamos viendo en todas partes) y lo disfraza de espiritualidad en la iglesia. Y es aquí donde el libro del Dr. Chuck DeGroat se vuelve esencial. Él es actualmente profesor de cuidado pastoral y espiritualidad cristiana en el Western Theological Seminary, en Holland, Michigan, donde también se desempeña como director ejecutivo del Programa de Consejería Clínica de Salud Mental. Altura académica no le falta; sin embargo, no estamos ante una obra escrita desde esa distancia intelectual. Al contrario, estamos frente a una reflexión nacida desde adentro, desde alguien que ha servido a la iglesia, que la ama profundamente y que, al mismo tiempo, gracias a ese compromiso, la confronta con valentía y sabe comunicarse con ella. Lo comprobarán cuando lo lean.

El autor no solo es un estudioso del alma humana, sino un pastor y acompañante espiritual que ha dedicado su vida a entender las dinámicas del poder, la identidad y la sanidad en las comunidades de fe. Su mirada es la de un acompañante experimentado que ha caminado con aquellos que han sido heridos por el narcisismo en la iglesia y también con quienes, atrapados en ese engaño, necesitan libertad.

Este libro nos ofrece una herramienta útil para comprender no solo el narcisismo individual, sino también el narcisismo eclesial, ese que se camufla bajo discursos de éxito, crecimiento y liderazgo visionario, pero que, en el fondo, oculta estructuras dañinas (enfermizas y enfermantes). Se nos ha dicho que el problema es el líder autoritario, el pastor que busca el aplauso y que no acepta correcciones, pero Chuck va más allá: nos ayuda a ver cómo las propias iglesias pueden convertirse en sistemas que alimentan y perpetúan estos modelos, produciendo comunidades que giran en torno a una imagen inflada de sí mismas, convencidas de su superioridad espiritual, de su excepcionalidad.

Este es un tema incómodo. Lo sabemos. Y, como todo lo incómodo, tendemos a evitarlo. Preferimos mirar hacia otro lado, convencernos de que en nuestras iglesias eso no pasa y que el problema está siempre en otro lugar. Pero basta mirar con honestidad para ver que el narcisismo eclesial está más presente de lo que quisiéramos admitir. Lo vemos en la obsesión por la imagen, en el culto a la personalidad de ciertos líderes, en la falta de transparencia y rendición de cuentas, en la espiritualidad que se mide en términos de éxito numérico.

Y el autor, al escribir sobre el tema, no se queda en la denuncia, sino que señala un camino de restauración. Necesitamos comunidades de fe humildes, serviciales, que no existan para su propia gloria, sino para el bien del mundo. En un tiempo en que el narcisismo político y económico se ha convertido en la norma, donde el capitalismo nacionalista exalta la imagen del líder fuerte y la acumulación de poder, la iglesia debería ser un signo alternativo: un espacio donde la gracia sustituya la competencia y donde el servicio reemplace la obsesión por la autopromoción. Iglesias sin pretensiones de falsa grandeza, sino peregrinas tras los pasos del Jesús sencillo, amistoso y solidario (1 Jn 2:6).

EL ENEAGRAMA COMO HERRAMIENTA DE DISCERNIMIENTO

Chuck nos ofrece una perspectiva que combina —como ya se intuye por lo dicho hasta aquí— profundidad psicológica con sensibilidad pastoral, y para ello emplea una de las herramientas psicológicas más reconocidas: el eneagrama. Para quienes no estén familiarizados con él, el eneagrama es un mapa de la personalidad que ayuda a identificar patrones de comportamiento y motivaciones profundas. Es una herramienta antigua, utilizada en contextos cristianos desde hace siglos, aunque en tiempos recientes ha sido redescubierta y aplicada en el acompañamiento pastoral y espiritual.

Algunos desconfían del eneagrama, ya sea por desconocimiento o por su asociación con corrientes ajenas a la fe cristiana. Sin embargo, DeGroat demuestra que, cuando se emplea con discernimiento (como pasa con cualquier otra herramienta terapéutica), el eneagrama puede ser una ayuda invaluable para comprender los mecanismos del narcisismo, no solo como diagnóstico, sino como camino hacia la sanidad. Nos ayuda a identificar cómo ciertas tendencias personales pueden convertirse en actitudes dañinas si no se gestionan con madurez. Su uso en este libro no solo evidencia el profundo conocimiento del autor sobre el comportamiento humano, sino también su capacidad para integrar esta herramienta desde una perspectiva cristiana sólida y pastoralmente responsable.

El eneagrama es un instrumento de autoconocimiento que nos ayuda a identificar nuestras áreas de sombra y a crecer en una espiritualidad más auténtica. Su incorporación en este libro es un gran acierto porque nos ofrece un lenguaje para hablar del narcisismo sin reducirlo a una categoría meramente clínica o moralista.

EL MODELO DE JESÚS: UN ANTÍDOTO CONTRA EL NARCISISMO

En los Evangelios, Jesús confrontó el narcisismo de su tiempo de múltiples maneras. Uno de los episodios más reveladores es aquel en el que sus discípulos discutían sobre quién sería el mayor en el reino de los cielos. Jesús, lejos de reforzar la lógica de poder que ellos tenían en mente, les respondió con un gesto radical: tomó a un niño, lo colocó en medio de ellos y les dijo: «El que quiera ser el primero, que sea el último de todos y el servidor de todos» (Marcos 9:35). Este es el modelo de liderazgo que Jesús nos deja: no el de aquel que busca ser servido, sino aquel que se pone al servicio. No quien acumula prestigio, sino quien se vacía de sí mismo por amor.

El liderazgo cristiano, cuando se vive en esta clave, es lo opuesto al narcisismo. Es una entrega, una vocación de amor, una disposición a la vulnerabilidad. En una época donde los púlpitos han sido convertidos en plataformas de autopromoción y donde los ministerios se gestionan como marcas personales, necesitamos redescubrir este modelo de Jesús.

EL INESPERADO ENCUENTRO CON ETTY HILLESUM

Cuando estaba ya terminando de leer el libro, me encontré con un nombre que me sorprendió y me alegró: Etty Hillesum. Para quienes no la conozcan, Etty fue una joven judía holandesa que, en medio del horror del nazismo, dejó testimonio en sus diarios de una espiritualidad profunda y luminosa. Fue asesinada en Auschwitz, pero sus escritos siguen iluminando a quienes buscan una vida espiritual auténtica. Sus cartas y diarios son, para mí, lectura permanente, al igual que es permanente el aprecio por su historia de vida.

Las palabras de Etty en este libro no son un simple añadido erudito. Son una luz que nos recuerda que la fe genuina no busca el engrandecimiento personal ni institucional, sino que nos lleva a entregarnos, a servir, a amar sin condiciones. Si el Dr. DeGroat hubiera comenzado su libro con ella, quizás este prólogo habría sido solo un elogio a su buen gusto bibliográfico. Pero lo importante es que su referencia aparece en el momento justo, como una confirmación de que el camino que propone no es otro que el de la humildad y el amor desinteresado.

Este es un libro que recomiendo con entusiasmo, porque nos incomoda —y es urgente vivir una santa incomodidad que nos trasforme— y nos cuestiona; al hacerlo, nos abre la puerta a algo mejor: una iglesia menos preocupada por su imagen y más comprometida con su misión. Porque, al final, la iglesia no está llamada a ser grandiosa, sino a ser verdadera; no a promocionarse como una marca (comercial), sino a estar marcada por la vida y la misión de Jesús, su Señor.

INTRODUCCIÓN

Narcisista. Es una palabra que lanzamos hoy en día, quizá con demasiada ligereza, contra políticos y pastores, famosos y deportistas. Yo lo he hecho. Usted también. Tal vez haya algo de poder en la capacidad de diagnosticar, etiquetar lo que desconcierta y aterroriza.

Esto se convirtió en una especie de deporte durante el ciclo electoral de 2016, cuando Donald J. Trump se encontró en el punto de mira de diagnósticos por parte de aficionados y profesionales. Entre muchos otros, John Gartner, psicólogo de la Facultad de Medicina de la Universidad Johns Hopkins, sostuvo la controvertida afirmación de que el líder del mundo libre era un «narcisista maligno», con rasgos de agresividad, paranoia, grandiosidad, manipulación, prepotencia, proyección, etc.[1] No es mi tarea diagnosticar al líder del mundo libre. Pero es cierto que el narcisismo en la esfera pública puede ser dramático y grandioso, un espectáculo digno de contemplar e incluso traumático de experimentar.

Cuando experimentamos el narcisismo personal y relacionalmente, los efectos tóxicos son dolorosos y enloquecedores. Tal vez sea el fundador de una iglesia cuyo encanto y sentido de la autoridad parecen convincentes, pero cuyo estilo de liderazgo produce un campo de escombros relacional. O el cónyuge cuyo comportamiento controlador te hace sentir inseguro y enfermo. O la presidenta de un comité cuyo equipo anda con pies de plomo. Cuando el narcisismo invade el espacio de la familia, el trabajo o la vida de la iglesia, el impacto es dramático y traumático. Por eso creo que un libro como este es importante. Necesitamos hablarlo.

---

[1] Brittany Cassell, "Johns Hopkins' Top Psychotherapist Releases Terrifying Diagnosis of President Trump", *Bipartisan Report*, 27 de enero de 2017. *N. del E.*: el enlace original ya no está disponible, pero se puede consultar una fuente alternativa en https://www.transcend.org/tms/2017/01/johns-hopkins-top-psychotherapist-releases-terrifying-diagnosis-of-president-trump/.

Pero no basta con observar el narcisismo a través del lente de una figura política egoísta o de un cónyuge emocionalmente abusivo, un director general arrogante o una figura religiosa poderosa. Nadamos en las aguas culturales del narcisismo, y las iglesias no son inmunes. La cultura occidental es una *cultura narcisista*, como Christopher Lasch declaró hace décadas en su famoso libro *La cultura del narcisismo*. La misma vacuidad que vemos bajo la grandiosidad narcisista de un individuo puede encontrarse a nivel colectivo en la cultura estadounidense, como ha quedado en evidencia más recientemente en los movimientos #MeToo y #ChurchToo. Mientras nos contamos historias de excepcionalismo estadounidense, ocultamos lo que hay debajo: fragmentación, racismo sistémico, etnocentrismo, misoginia, adicción, vergüenza y mucho más. Todos tenemos un problema. Es un problema de *nosotros*, no de *ellos*. Mi esperanza es que este libro nos invite a preguntarnos cómo participamos en los sistemas narcisistas y, al mismo tiempo, proporcione recursos claros para las personas traumatizadas por las relaciones narcisistas, especialmente en la iglesia.

Más adelante, en *La cultura del narcisismo*, Lasch define el narcisismo como el «anhelo de quedar liberado del anhelo».[2] En otras palabras, el narcisista no puede tolerar las limitaciones de su humanidad. Lo que Lasch parece estar diciendo es que el narcisismo tiene que ver con el control. Es un rechazo a vivir dentro de las limitaciones de la existencia humana ordenadas por Dios. Paradójicamente, nuestro deseo de ser sobrehumanos nos deshumaniza, y causa estragos en nuestras relaciones.

Sí, el narcisismo nos hace *menos* humanos. Con el tiempo, las máscaras que pretenden protegernos y aliviar el dolor de nuestros anhelos se convierten en los únicos rostros que conocemos. El rostro del narcisismo parece funcionar en la cultura occidental y, lamentablemente, es un rostro al que muchos fieles acuden en busca de inspiración y motivación espiritual.

---

[2] Christopher Lasch, *La cultura del narcisismo* (Barcelona: Editorial Andrés Bello, 1999), 289.

Empecé a estudiar el narcisismo a finales de la década de 1990. En ese entonces no hablábamos de liderazgo narcisista en la iglesia y, lamentablemente, aún estamos apenas comenzando esa conversación. Empecé a estudiarlo porque lo veía en mí mismo, en mis compañeros de seminario y en mis colegas en el ministerio. La plantación de iglesias se estaba intensificando en mi denominación en ese momento, y en el espíritu de la misión parecía como si estuviéramos barriendo la salud psicológica debajo de la alfombra. He experimentado mi propia cuota de trauma bajo un liderazgo narcisista.[3] Parecía entonces como si pocos tuvieran una categoría para la complexión diabólica única del narcisismo, y veinte años después la iglesia sigue trágicamente desinformada.

Así que me aventuré a mi propio estudio, acompañado de mucha terapia para dar sentido a las heridas que había experimentado. Estudié el narcisismo en docenas de casos y en libros clave, y reconocí que era un fenómeno creciente. En su libro *The Depleted Self: Sin in a Narcissistic Age*, Donald Capps describió el cambio de una sociedad de culpa-ansiedad a una sociedad de vergüenza-narcisismo.[4] La conexión con la vergüenza me intrigó de inmediato, ya que parecía estar relacionada con muchos de los problemas que observaba en los hombres cristianos en particular: pornografía o adicciones al alcohol, adicción al trabajo, inquietud vocacional, duda espiritual y depresión.[5]

En el popular libro *Sanar la vergüenza que nos domina*, John Bradshaw reforzó la tesis de Capps, la presentó de tal forma que llegó a la lista

---

[3] Si comparto historias de mi experiencia personal con el liderazgo narcisista en este libro, las mantengo lo suficientemente vagas como para no revivir confrontaciones pasadas, viejas heridas y (en algunos casos) reconciliaciones útiles. En última instancia, este libro no trata de mi historia, sino de *nuestra* historia compartida de narcisismo.

[4] Donald Capps, *The Depleted Self: Sin in a Narcissistic Age* (Minneapolis: Augsburg, 1993).

[5] Véase Terrence Real, *I Don't Want to Talk About It: Overcoming the Secret Legacy of Male Depression* (Nueva York: Scribner, 1998), para un relato convincente sobre el diagnóstico erróneo de la depresión masculina y su relación con la vergüenza, la adicción y el narcisismo.

de los más vendidos del *New York Times* y sacó el tema de la vergüenza de las sombras psicoanalíticas. Bradshaw trazó los orígenes de la vergüenza de un modo que me ayudó a verla como la gasolina de los narcisistas. Apuntalado por el trabajo de Alexander Lowen en *Narcisismo o la negación de nuestro verdadero ser*, empecé a ver lo desconectados que están los que padecen un trastorno de la personalidad narcisista (TPN) de sus sentimientos fundamentales y de su verdadero yo, viviendo de una parte compensatoria de sí mismos que los protege de la vergüenza y el dolor que llevan dentro.[6] Comprender las entrañas del narcisismo ha sido la revelación más importante para mi propio trabajo con pastores, líderes ministeriales, cónyuges y organizaciones. Como se verá, esta revelación nos invita a tomar el narcisismo con una seriedad mortal, pero también a imaginar un camino compasivo hacia adelante.

A medida que aprendía —no solo de la investigación, sino de las experiencias vividas por mujeres y hombres afectados por este problema— me convencía de que el narcisismo no solo era una realidad creciente, sino que estaba mal diagnosticado, especialmente en las iglesias. De hecho, dentro de las iglesias, un narcisista puede incluso ser descrito como carismático, talentoso, seguro de sí mismo, inteligente, estratégico, ágil y convincente. Fue elegido para plantar la iglesia, para dirigir el ministerio, para dar clases. Rápidamente, se lo dejó libre de culpa cuando un cónyuge denunció abusos emocionales.

También vi que no era fácil enfrentarse al narcisismo sistémico en iglesias que se consideran exitosas, especiales, bendecidas, guiadas por el Espíritu y ungidas. Sistemas y programas de iglesias enteras evolucionan dentro de las aguas del narcisismo, y cuando se nada en esa agua, es difícil de ver y aún más difícil de confrontar.

Estoy convencido de que mi contexto particular —Estados Unidos— es un terreno fértil para el narcisismo. Hace más de treinta años, Eugene Peterson escribió estas palabras en su poco conocido libro *Earth and Altar: The Community of Prayer in a Self-Bound Society*:

---

[6] Alexander Lowen, *Narcisismo o la negación de nuestro verdadero ser* (México: Editorial Pax Mexico, 1987).

En la «franja de la autopista» que se extiende «desde California hasta la isla de Nueva York» —la gran Calle Principal de los Estados Unidos— la masa de gente parece completamente ensimismada. Hace ciento cincuenta años Alexis de Tocqueville visitó Estados Unidos desde Francia y escribió: «Cada ciudadano está habitualmente ocupado en la contemplación de un objeto muy insignificante, a saber, él mismo». En siglo y medio las cosas no han mejorado. A pesar de toda la realidad diversa y atractiva, bulliciosa y misteriosa que se manifiesta por doquier, nada ni nadie interrumpe a la gente más que momentáneamente de la obsesiva preocupación por sí misma.[7]

Los líderes ministeriales y las iglesias de hoy en día están obsesivamente preocupados por su reputación, influencia, éxito, corrección, progresividad, relevancia, plataforma, afirmación y poder.

Y las investigaciones demuestran que el narcisismo es un fenómeno creciente, sobre todo en los últimos cincuenta años. Los *baby boomers* tenían puntuaciones de narcisismo notablemente más altas que los estudiantes universitarios de la década de 1950, y cada generación posterior ha experimentado un aumento. Un estudio exhaustivo de 2009 mostró que las incidencias de narcisismo se habían más que duplicado en los diez años anteriores, con un número creciente de mujeres que también lo experimentaban.[8] Otro estudio sustancial de 2008 mostró una prevalencia de TPN del 7,7 % en hombres y del 4,8 % en mujeres.[9] Como veremos pronto, los casos de narcisismo entre pastores son mucho más comunes.

Hoy en día, los mileniales se han convertido en blanco de la etiqueta. Se los considera la "generación del yo", con estadísticas alarmantes que

---

[7] Eugene Peterson, *Earth and Altar: The Community of Prayer in a Self-Bound Society* (Downers Grove, IL: InterVarsity Press, 1985).

[8] Jean M. Twenge y W. Keith Campbell, *La epidemia del narcisismo* (Madrid: Ediciones Cristiandad, 2018).

[9] F. S. Stinson et al., "Prevalence, Correlates, Disability, and Comorbidity of DSM-IV Narcissistic Personality Disorder", *Journal of Clinical Psychiatry* 7 (2008): 1033-45, www.ncbi.nlm.nih.gov/pubmed/18557663.

lo corroboran.[10] Hay quien sostiene que los mileniales quieren privilegios especiales, se sienten con derecho a saltarse las normas y a menudo exigen más que otros mayores que ellos.[11] Como muchos de mis alumnos son mileniales, me pongo un poco a la defensiva por ellos. Positivamente, los veo menos propensos a aceptar abusos, ignorar una injusticia o minimizar un sentimiento. Aun así, veo que su presencia de avatar en muchas plataformas de medios sociales y su compromiso frenético en demasiadas tareas enmascaran profundas cuestiones de autoestima y pertenencia.[12] Su aparición como pastores y líderes ministeriales invitará a más preguntas, revelando la cara siempre cambiante del narcisismo.

Como parte de la generación X, aún recuerdo el episodio de *Saturday Night Live* de 1991 en el que el ahora exsenador Al Franken hizo su primera aparición como Stuart Smalley, con su falso programa de autoayuda llamado *Daily Affirmations* (Afirmaciones diarias). Smalley se miraba en el espejo y recitaba su mantra: «Soy lo bastante bueno, lo bastante listo y, caramba, sí que le gusto a la gente».[13] Yo crecí mientras el presidente Reagan nos sacaba del letargo pos-Vietnam y Watergate con su encanto de estrella de cine y su actitud de «tú puedes hacerlo», acompañado por un creciente mercado de salud, riqueza y éxito procedente

---

[10] Jeremy Dean, "The Dangerous Personality Trait on the Rise in the Young", *PsyBlog* (blog), 20 de septiembre de 2016, www.spring.org.uk/2016/09/personality-trait-leads-chronic-disappointment.php; Joel Stein, "Millennials: The Me Me Me Generation", *Time*, 20 de mayo de 2013, http://time.com/247/millennials-the-me-me-me-generation/.

[11] Larry Alton, "Millennials and Entitlement in the Workplace: The Good, the Bad, and the Ugly", *Forbes*, 22 de noviembre de 2017, www.forbes.com/sites/larryalton/2017/11/22/millennials-and-entitlement-in-the-workplace-the-good-the-bad-and-the-ugly/.

[12] Para una crítica de la teoría detrás de *La epidemia del narcisismo*, véase Craig Malkin, *Replantear el narcisismo: Claves para reconocer y tratar con narcisistas* (Barcelona: Editorial Eleftheria, 2021).

[13] "Daily Affirmation with Stuart Smalley", sketch cómico, *Saturday Night Live*, temporada 16, episodio 12, transmitido el 9 de febrero de 1991, en NBC.

de personalidades de la televisión, gurús de la psicología ilustrada y líderes espirituales, incluidos los autodenominados ministros cristianos.

Estoy convencido de que el fervor misionero y el aumento de la plantación de iglesias que hemos presenciado desde la década de 1980 pueden correlacionarse con la creciente prevalencia del narcisismo. En ninguna parte he visto la dinámica narcisismo-vergüenza más pronunciada que entre los plantadores de iglesias, algunos de los cuales se han convertido en pastores de megaiglesias. Algunas evaluaciones de plantación de iglesias que he visto prácticamente invitan al liderazgo narcisista. Mi trabajo en este campo como terapeuta, pastor, consultor, evaluador psicológico y profesor durante muchos años me convence de que el narcisismo, en muchos hombres jóvenes en particular, se bautiza como don espiritual de una manera que les hace un gran daño e ignora profundos pozos de vergüenza y fragilidad que acechan en su interior. Si Lasch tiene razón y el narcisismo es el «anhelo de quedar liberado del anhelo», entonces cada generación posterior ha encontrado una nueva forma de distanciarse de su humanidad, de sus limitaciones. Cada generación encuentra nuevas formas de enmascarar su fragilidad tras un barniz brillante. Evitamos y eludimos nuestro «yo real», como dijo el famoso teórico de los trastornos de la personalidad James Masterson.[14] Nuestro gran pecado es que huimos de la belleza de nuestra realidad (dada, dotada y amada por Dios) como portadores de su imagen: seres humanos diseñados para ser suficientes sin todo este equipaje adicional. Thomas Merton lo dice muy bien:

> Todo pecado empieza en la suposición de que mi falso yo, ese yo que existe tan solo en mis propios deseos egocéntricos, es la realidad fundamental de la vida, hacia la cual todo lo demás del universo está orientado. Así, gasto mi vida intentando acumular placeres y experiencias, poder y honores, conocimientos y amor, para vestir ese falso yo y construir con su nada algo objetivamente real. Y enrollo

---

[14] Véase James Masterson, *Search for the Real Self: Unmasking the Personality Disorders of Our Age* (Nueva York: Free Press, 1988).

experiencias en torno de mí mismo y me cubro de placeres y gloria como con vendas para hacerme perceptible a mí mismo y al mundo.[15]

Ponemos el disco de Génesis 3 en repetición. Aunque nuestro narcisismo ha evolucionado, seguimos viviendo la misma vieja historia —que se nos cuenta desde tiempos inmemoriales— de seres humanos que no se sentían suficientes, que se preguntaban si Dios les estaría ocultando algo, que eligieron escuchar el susurro de la serpiente en lugar de la declaración de bondad de Dios. Resulta que nuestra huida de la humanidad no es algo nuevo. Nuestro narcisismo aparece en diferentes formas a medida que vivimos todos los otros yoes, que estamos constantemente «poniéndonos y quitándonos como abrigos y sombreros contra el tiempo del mundo».[16]

Y, sin embargo, en lo más profundo de nuestro ser también existe el susurro de *shalom* para nuestras propias vidas y para nuestras relaciones. Dado que el diseño divino es maravillosamente relacional, imaginando la vida amada de la Trinidad, parece que no podemos renunciar a la esperanza. De alguna manera, los que se llaman a sí mismos seguidores de Jesús están obsesionados por una visión de restauración y plenitud. Claro que hay días en los que preferiríamos resignarnos a una historia más trágica («no vales la pena»), pero el problema es el siguiente: Dios no nos abandona. Sigue persiguiéndonos, en Jesús, por el Espíritu, anhelando que nos sepamos amados, valorados, rebosantes de dignidad.

Y esto tiene implicaciones para el lenguaje que utilizo en este libro. Puesto que cada persona ha sido creada a imagen de Dios, no podemos reducir a las personas a una etiqueta ni pretender comprenderlas plenamente basándonos en una parte predominante de su personalidad. El ser humano está hecho «asombrosa *y* maravillosamente» (Sal 139:14, LBLA). La historia bíblica define a los seres humanos por su identidad

---

[15] Thomas Merton, *New Seeds of Contemplation* (Nueva York: New Directions, 2007), 34. En español: *Nuevas semillas de contemplación* (Santander: Sal Terrae, 2008).

[16] Frederick Buechner, *Telling Secrets: A Memoir* (Nueva York: Harper Collins, 1991), 45.

divinamente digna ante todo, y por tanto el pecado es secundario, contingente, una enfermedad del alma. Debemos resistirnos a relegar a nadie a una etiqueta, ya sea "narcisista" o "alcohólico", "ansioso" o "depresivo". En su magistral obra sobre los trastornos de la personalidad, Elinor Greenberg escribe:

> Nadie es una persona límite. Nadie es un narcisista. Nadie es esquizoide. Puede parecer una forma extraña de empezar un libro sobre diagnóstico, pero hay que decirlo. Cuando diagnosticamos, estamos describiendo un patrón, una Gestalt particular, nunca una persona. Todas las personas son únicas. Las etiquetas, por muy bien intencionadas que sean, no pueden hacer justicia a la complejidad humana.[17]

Sin embargo, el narcisismo es real. Y por esta razón, no me resisto a nombrar a una persona como "narcisista", no como la etiqueta definitiva que describe su verdadero yo ontológico, sino como la descripción de un patrón de vida y de relación. El corazón es propenso al engaño (Jr 17:9), y la psicología contemporánea nos ha prestado el servicio de denominar los engaños de nuestro corazón como patrones patológicos de relación, a menudo nacidos del quebrantamiento y la vergüenza de la vida. Como profesional de la salud mental, intento utilizar el término con prudencia y cuidado. Aunque los recursos de salud mental en internet son útiles, también nos han dotado de un amplio vocabulario y del poder de poner etiquetas a amigos, políticos y personas por las que sentimos curiosidad, con o sin discernimiento profesional.

Así que animo a tener sabiduría y paciencia con las etiquetas. En última instancia, un descriptor como "narcisista" nombra a la *persona*, la máscara, una parte de alguien, pero al igual que otros descriptores (médico, padre, diabético, autista) no da cuenta de nuestro núcleo, nuestro "verdadero yo" escondido con Cristo en Dios. Espero que mi

---

[17] Elinor Greenberg, *Borderline, Narcissistic, and Schizoid Adaptations: The Pursuit of Love, Admiration, and Safety* (Createspace Independent Publishing Platform, 2016), 3. Gracias a mi amiga, la escritora y terapeuta Heather Drew, por darme a conocer este útil libro.

uso de las palabras *narcisista* o *narcisismo* muestre tanto honestidad como compasión.

Este libro lleva más de veinte años gestándose, pero mi pasión por escribirlo proviene de las valientes mujeres y hombres con los que he trabajado, cuyas historias de vergüenza, quebrantamiento, esperanza y curación viven en mí y dan forma a todos los aspectos de mi trabajo. A ellos dedico este libro. Creo que Dios desea la verdad en nuestro interior (Sal 51:6) y que esta verdad tiene el poder de transformar nuestras vidas, nuestras iglesias, nuestras relaciones y nuestra sociedad. Desmantelar el falso yo narcisista es un acto de muerte: morir a la ilusión, al control y al miedo. Y también es un acto de resurrección: a la verdad, a la vulnerabilidad, a la creatividad y a la conexión. Si confiamos en que el Amor desea lo mejor para nosotros, y no nuestra perdición, quizá nos cansemos de las máscaras que llevamos y salgamos de nuestro escondite. Que todos los que estamos comprometidos con este trabajo conozcamos la libertad que llega cuando salimos de las sombras a la luz.

CAPÍTULO 1

CUANDO EL NARCISISMO ENTRA EN LA IGLESIA

Mostrad como sois, arrancaos las máscaras. La iglesia
nunca fue hecha para ser una mascarada.
Charles Spurgeon

En mi grupo de jóvenes del instituto, nos pidieron que memorizáramos Filipenses 2. El encabezado de mi Biblia de entonces decía algo así como «Imitar la humildad de Cristo». La invitación a la humildad se basaba en la de Cristo,

> el cual, siendo en forma de Dios, no consideró el ser igual a Dios como cosa a que aferrarse, sino que se despojó a sí mismo, tomando forma de siervo, hecho semejante a los hombres; y hallado en su porte exterior como hombre, se humilló a sí mismo, al hacerse obediente hasta la muerte, y muerte de cruz. (Filipenses 2:6-8)

Ingenuamente, supuse que la mayoría de los cristianos se dedicaban a recorrer este humilde camino. Por eso, cuando conocí a mi primera "celebridad" cristiana en el instituto, esperaba una encarnación de Jesús. En el escenario, cautivaba e impresionaba, agitando los brazos y con una sonrisa tan grande que se podía ver desde la última fila del auditorio. Sin embargo, cuando lo conocí después en persona, se mostró distante y frío —lejos de ser una encarnación de Jesús—, y muy por encima de una conversación con algún fan adolescente, demasiado engreído para encuentros triviales como ese.

Aquel día me encontré por primera vez con la desagradable mordedura del narcisismo. Me sentí pequeño y sin valor, demasiado insignificante, incluso para una breve conversación. Me preguntaba qué estaba mal, qué era lo que él no veía en mí. La mordedura del narcisismo siempre parece dejarte con una pregunta: «¿Qué pasa conmigo?».

Para mí, el narcisismo entró en la iglesia ese día. No tenía un descriptor para ello, pero tenía el mal sabor de un encuentro narcisista. Unos diez años más tarde, la mordedura del narcisismo volvió con fuerza, esta vez por parte de un compañero de ministerio agradable y carismático cuyas afirmaciones sobre mí hacían que mi alma se elevara, pero cuyas maquinaciones secretas, sospechosas y a veces siniestras me confundían e incluso me asustaban. Después de una temporada de sentirme perturbado, me senté con un terapeuta que me dijo en términos inequívocos: «Estás tratando con un narcisista».

¿Un qué? Por aquel entonces no tenía vocabulario psicológico. La palabra me resultaba vagamente familiar, probablemente por los escándalos eclesiales y políticos que sacudieron la nación en los años noventa. Mi terapeuta empezó a atar cabos. Me sentía perturbado. Tenía miedo. Me culpaba a mí mismo. Sentía que tenía verdades irreconciliables sobre la bondad y la maldad de esta persona.

El panorama que se desplegaba ante mí era mucho más complicado y delirante: una persona inteligente, aparentemente sabia e influyente en mi vida, que era al mismo tiempo manipuladora, abusiva y conspiradora. Encanto y agresividad. Sabiduría y necedad. Rectitud y maldad. Jekyll y Hyde.

En los meses siguientes, mi confianza en la humanidad se tambaleó. Empecé a ver la dinámica del narcisismo en las relaciones espiritual y emocionalmente abusivas desde mis primeros recuerdos, durante mis años de formación universitaria y en mi experiencia en el seminario. Durante una temporada me volví demasiado suspicaz y crítico con todo el mundo. "Narcisista" se convirtió en un rótulo con el que etiquetaba a la gente con muchísima ligereza. En mi programa de formación de consejeros, lanzábamos ampliamente categorías de diagnóstico: «Esta noche atenderé a mi cliente límite» o «Tengo en mi agenda al adicto al sexo a las 4 p. m.». Con el tiempo me di cuenta de que se trataba de una forma de poder: una manera de hacer frente a mis sentimientos de inseguridad y decepción. La salud y la sanidad en mi propio viaje, me di cuenta, no podían venir simplemente de darle la vuelta al guion y convertirme en el poderoso, armado con categorías clínicas, un nuevo experto para juzgar a los demás. Tendría que enfrentarme a mi propio narcisismo latente.

Por supuesto, todos somos susceptibles al comportamiento narcisista. Hay momentos en los que todos nos sentimos superiores. Nos acostamos por la noche pensando que merecemos más. Comparamos y competimos. Estos son rasgos generales que podría compartir alguien narcisista. Pero el trastorno de la personalidad narcisista (TPN) es algo mucho más grave, caracterizado por la grandiosidad, el sentido de derecho, la necesidad de admiración y la falta de empatía. Las personas diagnosticadas como narcisistas pueden tener talento, ser encantadoras e incluso inspiradoras, pero carecen de la capacidad de autoconciencia y autoevaluación, y rehúyen la humildad en favor de una autoprotección defensiva. La psicóloga cristiana Diane Langberg dice del narcisista: «Tiene muchos dones, menos el don de la humildad».[18]

Aunque pareciera que la iglesia debería ser el último lugar donde se manifieste el narcisismo, lo cierto es que lo hace: en los laicos de a pie, en el clero de todos los espectros teológicos y en los sistemas que protegen a las personas narcisistas y fomentan el abuso. Comencemos nuestra exploración juntos examinando cada uno de estos aspectos.

EL NARCISISTA DE SU IGLESIA

Cuando vamos a la iglesia, a menudo nos escondemos detrás de máscaras espirituales con sonrisas que cubren nuestro dolor. Como dijo una vez un cliente mío: «Soy más yo mismo los miércoles por la noche en la

---

[18] Diane Langberg, "Narcissism and the Systems It Breeds", conferencia para el Forum of Christian Leaders, vídeo, publicado el 5 de mayo de 2016, www.youtube.com/watch?v=4BU3pwBa0qU.

iglesia que los domingos por la mañana». Se refería a sus reuniones de Alcohólicos Anónimos de los miércoles.

El predicador del siglo XIX Charles Spurgeon dijo una vez: «Mostrad como sois, arrancaos las máscaras. La iglesia nunca fue hecha para ser una mascarada. Mostraos con vuestros verdaderos colores».[19] Sospecho que el "príncipe de los predicadores" no poseía una copia del *Manual diagnóstico y estadístico de los trastornos mentales*, pero insinúa una dinámica importante: la ocultación es el caldo de cultivo del narcisismo. Usted pregunta por qué las iglesias son caldo de cultivo de abusos y encubrimientos, y yo le ofrezco una epidemia de ocultación. Es tan antigua como Génesis 3, así que no debería sorprendernos.

Lo he visto a lo largo de los años. Pensemos en una pareja que aparentaba y se vestía como tal en su acomodada iglesia de los suburbios, pero cuya relación narcisista y abusiva estuvo enmascarada durante años.[20] Hace tiempo, trabajé con Jade, una cristiana de toda la vida y esposa de Vance desde hacía veintitrés años. Muchos dirían que eran la pareja cristiana modelo, sirviendo de diversas maneras tanto delante como detrás de las cámaras, y orgullosos de sus tres preciosos hijos adolescentes. Él era un médico de éxito. Ella era ama de casa. Jade acudió a mí en busca de asesoramiento para tratar lo que consideraba una depresión ante el inminente traslado de su hija a la universidad, pero las lágrimas no tardaron en brotar en forma de torrente. Ocurrían muchas cosas más.

Jade empezó a describir un largo patrón de abuso emocional, aunque no tenía esas palabras técnicas. Caminaba con pie de plomo con un marido controlador y condescendiente. Durante años criticó su peso, su forma de cocinar, sus amistades y su fe. Con el tiempo, se dio cuenta de esta dinámica tóxica y acabó señalándosela a su marido como

---

[19] Charles Haddon Spurgeon, "Un corazón dividido", sermón, 25 de septiembre de 1859. *Estudia la Palabra*: https://estudialapalabra.org/2023/03/07/sermon-276-un-corazon-dividido-charles-haddon-spurgeon/.

[20] Para proteger las historias y las identidades de las personas con las que he trabajado a lo largo de los años, no me limito a cambiar nombres, sino que elaboro nuevas historias que contienen características de varios encuentros diferentes. Cualquier reconocimiento de la historia de una persona en este libro es mera coincidencia.

un problema importante en su matrimonio. Pidió ayuda a los líderes de la iglesia porque Vance eludía las conversaciones difíciles y empezó a compartir su historia con algunos amigos de confianza.

Jade y Vance estuvieron esencialmente escondidos durante una década en su iglesia. Pasaron años en un grupo pequeño. Algunos amigos habían visto a Vance regañar públicamente a Jade, incluso llevársela aparte durante una reunión del grupo pequeño para echarle en cara que no había cocinado lo suficiente. Sin embargo, en un abrir y cerrar de ojos, volvía a ser el charlatán carismático y grandilocuente que era. Ella se encogía, sonriendo, como la esposa sumisa. La iglesia mostró poco apoyo, incluso cuando ella hizo repetidas peticiones a diferentes pastores solicitando su intervención. Algunos murmuraban de su "inestabilidad mental". Al final se resignó a un matrimonio abusivo y abandonó la consejería. Años más tarde la vi en el supermercado. Sonreía al pasar, ocultando su dolor incluso a una de las pocas personas que conocían su profundidad.

O pensemos en Beth. Beth era anciana en una gran iglesia. Se hizo un hueco en el círculo más íntimo de líderes gracias a sus maneras congraciadoras y encantadoras. Una vez dentro, se hizo tan indispensable que algunos afirmaban que era una empleada no remunerada, mientras que otros pensaban que la iglesia se desmoronaría sin su genio y sus conocimientos. Con el tiempo, fomentó la idea de que el pastor principal era inepto e incapaz de hacer crecer la iglesia, lo que provocó su dimisión.

Poco a poco, el gran plan de Beth empezó a vislumbrarse. Propuso llamar a su buen amigo y antiguo pastor en otro estado, un hombre casado con el que había mantenido una relación íntima en el pasado. Sus propias tendencias narcisistas habían entrado en el radar de su presbiterio local, y él estaba listo para mudarse. Evitando rendir cuentas, fue llamado a la iglesia de Beth, mientras ella movía las cuerdas todo el tiempo.

Estas dos historias sirven para ilustrar cómo el narcisismo se manifiesta entre personas corrientes en congregaciones corrientes. La mayoría de las personas de ambas iglesias no eran conscientes de la realidad de las situaciones, pero había víctimas claras, manipulación evidente y un profundo dolor. El anterior pastor de la iglesia de Beth no volvió al ministerio. Jade nunca recibió la ayuda que necesitaba. Vance y Beth eran personas formidables, cuyas grandes y astutas personalidades se ganaban a la gente, incluso a quienes a veces se preguntaban si se podía confiar en ellos. Por desgracia, muchos de nosotros confiamos ingenuamente en los Vance y las Beth del mundo. Son convincentes. Son encantadores. Son seguros. Y, trágicamente, se los considera creíbles.

PASTORES NARCISISTAS

El querido psicólogo-sacerdote Henri Nouwen no estaba tratando de definir el narcisismo, pero bien podría haberlo hecho, cuando escribió:

> La historia de la iglesia, larga y llena de penalidades, es la historia de un pueblo continuamente puesto en la tentación de elegir el poder en vez del amor, de ser líder en vez de dejarse guiar. Los que resisten a esta tentación, y por eso nos llenan de esperanza, son los santos.
>
> Una cosa veo clara: que la tentación del poder es mucho mayor cuando la propia intimidad se vive como una amenaza. Una gran parte del liderazgo cristiano es ejercido por personas que no saben cómo desarrollar unas relaciones sanas, íntimas y, para llenar ese vacío, han optado por el poder y el dominio. Muchos constructores del "imperio cristiano" han sido personas incapaces de dar y recibir amor.[21]

Este triste abandono del humilde camino de Jesús se manifiesta hoy en pastores de iglesias grandes y pequeñas, en queridas celebridades cristianas, prolíficos autores y blogueros del clero, vigorosos plantadores de iglesias y hombres y mujeres aparentemente piadosos. La aterradora realidad del narcisismo es que a menudo se presenta en un paquete convincente. El narcisismo es la "imagen resplandeciente" que presentamos al mundo, como lo describe la novelista Susan Howatch en su novela

---

[21] Henri Nouwen, *En el nombre de Jesús. Un nuevo modelo de responsable de la comunidad cristiana* (Madrid: PPC Editorial y Distribuidora S. A., 2001), 62.

Imágenes resplandecientes, que cuenta la historia de un clérigo narcisista de mediados del siglo XX.[22] ¿Podría ser que los mismos hombres y mujeres que están llamados a ser pastores del rebaño luchen más con el narcisismo?

Lamentablemente, el narcisismo en el clero está poco estudiado. Cuando llevé a cabo mi trabajo de doctorado hace más de una década, descubrí vastos recursos sobre el bienestar pastoral, incluidos estudios sobre el agotamiento, la adicción y la depresión. Encontré artículos populares sobre el liderazgo narcisista, pero una ausencia de estudios sobre la prevalencia del narcisismo. Tuve la sensación de que no queríamos que el mundo conociera nuestro pequeño y sucio secreto. Cuando empecé a realizar evaluaciones psicológicas para pastores y plantadores de iglesias, vi que los rasgos narcisistas se presentaban a menudo como puntos fuertes. El narcisismo puede interpretarse como confianza, liderazgo fuerte, visión clara, un corazón de piedra.

Un colega mío suele decir que el ministerio es un imán para una personalidad narcisista: ¿quién más querría hablar en nombre de Dios todas las semanas? Mientras que la gran mayoría de la gente tiene dificultades para hablar en público, los pastores no solo lo hacen con regularidad, sino que lo hacen con "autoridad divina". En mi propio trabajo, que incluye quince años de pruebas psicológicas entre pastores, la inmensa mayoría de los candidatos ministeriales se sitúan en el espectro de los trastornos de personalidad del grupo B del *Manual diagnóstico y estadístico de los trastornos mentales*, en el que destacan los rasgos narcisistas (como veremos en el próximo capítulo). Los índices son aún más elevados entre los plantadores de iglesias.

Las elevaciones en el espectro narcisista van unidas a testimonios que incluyen el miedo a un gran fracaso (a menudo un fracaso moral), una profunda vergüenza y adicciones secretas. En el corazón de estos pastores se esconde una profunda vergüenza. El poder mantiene a raya la vergüenza y el miedo, al menos durante algún tiempo. La máscara

---

[22] Susan Howatch, *Imágenes resplandecientes* (Buenos Aires: Emecé Editores, 1989).

narcisista es una armadura de autoprotección que defiende el frágil yo interior, pero ofende, oprime y aliena al otro.

Los pastores narcisistas son pastores ansiosos e inseguros que no llevan a las ovejas a aguas tranquilas, sino a vientos huracanados. He asistido a y hablado en docenas de conferencias de pastores, y veo esta ansiedad bullir en la comparación y la competición, el espectáculo y la vestimenta, las adicciones a las sustancias y al *fitness*, a las redes sociales y a la aprobación. Lo escucho en la voz ansiosa de un joven pastor que recientemente fue contactado por un agente literario y proclamó con orgullo: «Es mi momento. ¡Ahora despego!». Lo siento en la falta de autenticidad de un posible plantador de una iglesia cuyas respuestas demasiado optimistas a mis sinceras preguntas sobre su salud me hacen preguntarme si alguna vez ha sido sincero con alguien. Lo percibo en las interminables publicaciones de selfis de una clériga en tendencia cuyas exhibiciones diarias en las redes sociales parecen un grito de «mírenme». Lo veo en el pastor veterano que se considera sabio e ilustrado, y habla con condescendencia a los miembros jóvenes del equipo.

Durante mi vida, la imagen clásica del abnegado párroco en quien se podía confiar para predicar correctamente la palabra, cuidar diligentemente de las almas y dirigir sabiamente la iglesia ha cambiado drásticamente. Con grandes escándalos tanto en la iglesia protestante como en la católica, la confianza en el clero ha disminuido significativamente en los últimos veinte años. La confianza en el clero

> ha descendido de forma constante desde 2009, desde un máximo del 67 % en 1985, informó la encuestadora. Los pastores son vistos ahora como menos dignos de confianza que los jueces (43 %), el personal de guarderías (46 %), los agentes de policía (56 %), los farmacéuticos (62 %), los médicos (65 %), los maestros de primaria (66 %), los oficiales militares (71 %) y las enfermeras (82 %).[23]

---

[23] Sarah Eekhoff Zylstra, "The 8 People Americans Trust More Than Their Local Pastor", *Christianity Today*, 8 de enero de 2018, www.christianitytoday.com/news/2018/january/8-people-americans-trust-more-than-their-local-pastor.html.

Los seminarios encargados de formar a la próxima generación de clérigos ordenados también están en declive.[24] En medio de escándalos, que van desde televangelistas a sacerdotes católicos, pasando por superestrellas de megaiglesias, el pastorado ya no se considera una vocación tan noble como antaño. Dado este declive general, existe una presión aún mayor para que quienes ejercen el ministerio sean lo suficientemente buenos, inteligentes, encantadores, inspiradores y seguros de sí mismos como para revitalizar, plantar nuevas iglesias y atraer a los que han abandonado la iglesia. La vocación del párroco ya no es tan atractiva como antes.[25]

Curiosamente, en mis primeros años en el ministerio como híbrido terapeuta-pastor, a menudo se me pidió que escribiera referencias para los futuros plantadores. Mis advertencias sobre su narcisismo se leían a menudo como recomendaciones de sus dones para inspirar, su ingenio rápido, fuerte liderazgo, carisma, encanto e influencia. En retrospectiva, veo el daño causado por quienes se consideran preparados para dirigir y plantar iglesias. En demasiadas redes ministeriales posdenominacionales de hoy en día, en las que se han abandonado los procesos de ordenación tradicionales, los líderes jóvenes son arrebatados y desplegados sin una formación adecuada ni una formación del alma simplemente porque han tenido éxito en otros ámbitos.

Aún no hemos aprendido. Pero a medida que aumentan las historias de narcisismo perjudicial y que las redes sociales sirven de amplificador de las voces de las víctimas, puede que nos estemos acercando a un ajuste de cuentas.

---

[24] Véase Yonat Shimron, "More Seminary Students Leave the Master of Divinity Behind", *Religion News Service*, 11 de mayo de 2018, https://religionnews.com/2018/05/11/more-seminary-students-leave-the-master-of-divinity-behind/.

[25] Véase Harry Bruinius, "Amid Evangelical Decline, Growing Split Between Young Christians and Church Leaders", *Christian Science Monitor*, 10 de octubre de 2017, www.csmonitor.com/USA/Politics/2017/1010/Amid-Evangelical-decline-growing-split-between-young-Christians-and-church-elders/.

IGLESIAS NARCISISTAS

Durante siglos, los sistemas eclesiales se han estructurado jerárquicamente, privilegiando a unas personas sobre otras. Los líderes masculinos, los educados, las personas con recursos o las personas bien conectadas tradicionalmente tienen mayor acceso al poder que otros. Las estructuras no son necesariamente culpables del narcisismo, pero sí crean un entorno en el que puede crecer sin oposición.

Históricamente, la fusión de iglesia e imperio en la cristiandad socavó la "configuración kenótica" de la iglesia, sustituyendo la humildad cruciforme por la jerarquía, el patriarcado y el poder.[26] La grandiosidad, el sentido de derecho y la ausencia de empatía característicos del trastorno de la personalidad narcisista se tradujeron en el perfil de un buen líder.[27] A los afectados por la mordedura del narcisismo se les hizo creer que era culpa suya: falta de humildad, falta de sumisión. Los sistemas de poder y riqueza que fomentaban el abuso se perpetuaron de generación en generación, incluso cuando los líderes iban y venían.

Los sistemas narcisistas prosperan en estructuras que apoyan a los que tienen autoridad y personalidad, mientras que subordinan a los demás en función del género, el estatus social, la comprensión teológica, los dones percibidos (o la falta de ellos), la aptitud, etc.[28] Es más, estos sistemas perpetúan la vergüenza entre los que no son tan santos, conectados, carismáticos, inteligentes o poderosos. Esta dinámica de "dentro-fuera" mantiene a muchos esperando (y orando para) poder

---

[26] Para más información sobre esta evolución histórica y esta "configuración kenótica", véase Roger Haydon Mitchell, *Church, Gospel, and Empire: How the Politics of Sovereignty Impregnated the West* (Eugene, OR: Wipf and Stock, 2011).

[27] Véase Tim Stevens, "Mark Driscoll and Other Narcissistic Pastors", *LeadingSmart*, 2 de septiembre de 2014, http://leadingsmart.com/leadingsmart/2014/8/mark-driscoll-and-other-narcissistic-pastor.

[28] Para saber más sobre los sistemas patriarcales y cómo perpetúan los abusos contra las mujeres, consulte Janet Jacobs, "Charisma, Male Entitlement, and the Abuse of Power", en *Bad Pastors: Clergy Misconduct in Modern America*, editado por Anson D. Shupe, William A. Stacey y Susan E. Darnell (Nueva York: NYU Press, 2000).

ascender en la escalera y compensar lo que les falta. Pero el sistema reprime a los que no dan la talla y apoya a los que alimentan a la bestia narcisista. El sistema trata de controlar cualquier dinámica que socave su eficacia y longevidad. Estos tres factores —estructura, vergüenza y control— son aspectos clave de los sistemas narcisistas.

Y aunque muchos sistemas eclesiales están estructurados para que las personas rindan cuentas, los que están en el poder a menudo encuentran formas de evitarlo. En un sistema narcisista, la retroalimentación no se da con honestidad. Si se da, es moderada, matizada por una larga lista de puntos fuertes y dones. Se exige lealtad al líder narcisista y a la perpetuación del sistema. Se puede decir: «Así es como hacemos las cosas» o «Así es como hemos crecido tanto». Cuestionar esto es expresar deslealtad y experimentar vergüenza y desconexión con el sistema.

Además, cuando el líder narcisista es atacado, su respuesta es defensiva y de complejo de víctima. Los líderes narcisistas experimentan una identidad de víctima-mártir-héroe que los sitúa como objetivos inevitables de subordinados frustrados. Su complejo de persecución, en realidad, aumenta su estatus entre algunos que lo ven como un héroe por mantenerse firme en medio de la batalla. El sistema sale al rescate del líder a costa de sus víctimas. La falta de retroalimentación, el miedo a la deslealtad y el complejo de víctima hacen que sea difícil comprometerse con este sistema (para no hablar de cambiarlo).

Las iglesias son especialmente susceptibles a un fenómeno llamado "narcisismo colectivo", en el que la relación líder carismático/seguidor se da por supuesta. Lamentablemente, en los últimos años hemos sido testigos de demasiados casos de líderes cristianos carismáticos que han conseguido un seguimiento masivo, tanto dentro de la iglesia como en las redes sociales, solo para quedar expuestos como manipuladores, abusivos y dictatoriales. Jerrold Post sostiene que existe una relación de refuerzo mutuo entre líder y seguidores.[29] El líder cuenta con la adoración y el respeto de sus seguidores; el seguidor se siente atraído por la omnipotencia y el carisma del líder. El líder utiliza una retórica

---

[29] Jerrold Post, "Narcissism and the Charismatic Leader-Follower Relationship", *Political Psychology* 7, no. 4 (1986): 675.

polarizadora que identifica a un enemigo exterior, uniendo a líder y seguidores en una misión grandiosa. Los seguidores se alimentan de la certeza del líder para llenar sus propios sentidos vacíos de sí mismos. Curiosamente, en esta relación de refuerzo mutuo, ambos son propensos a una forma de narcisismo.

¿Cómo es posible que el narcisismo prospere entre quienes buscan parecerse a Cristo?

En primer lugar, estos sistemas atraen a personas que quieren formar parte de algo especial. El sistema narcisista hace alarde de su unicidad: la particular forma en la que Dios está obrando poderosamente en esta iglesia, movimiento o denominación. ¿Quién se atrevería a cuestionar la obra de Dios? Dado que la misión está ligada al aparente movimiento de Dios, es más probable que la gente cuestione sus propios juicios que la evidente bendición divina. Sin embargo, a menudo se pide a los miembros del equipo que hagan grandes sacrificios a cambio de una remuneración escasa o nula, y a menudo se les promete más con poca entrega. Los que ascienden tienden a confabularse con el sistema. Los que en última instancia se niegan a idealizar al líder son masticados y escupidos. Pero como la misión es aparentemente espiritual, el sistema queda impune.

En segundo lugar, a menudo el sistema se compara con los demás y los encuentra deficientes. El sistema narcisista puede destacar la personalidad o el estilo convincente de su líder, la naturaleza estratégica de su ubicación o misión, la ortodoxia de su doctrina, la autenticidad de su culto, la belleza de su liturgia, la integridad de su activismo. A los miembros del sistema se les hace creer que la iglesia de la otra cuadra no es tan bendita, especial o fiel. Un sentimiento colectivo de grandiosidad es común en estas situaciones.

Conocí una iglesia en la que muchos de los miembros del equipo y de los principales líderes no habían recibido formación teológica en un seminario, sino que habían sido equipados a través de un programa interno creado por el propio pastor. En este programa, se les hizo creer que ningún movimiento de plantación de iglesias había experimentado un crecimiento más radical o rápido. Como resultado, la iglesia cayó en una especie de "destino manifiesto" eclesial. Los que cuestionaban las políticas, las tácticas e incluso los abusos aparentes eran rápidamente descartados. La mayoría, sin embargo, creía encontrarse en un lugar y un momento extraordinarios, consagrados por Dios, lo que se tradujo en críticas a otras iglesias e incluso a organizaciones laicas que se percibían como menos eficaces que la suya.

Los sistemas narcisistas existen para sí mismos, aunque sus declaraciones de misión y sus creencias teológicas estén llenas del lenguaje del servicio, el desinterés, la justicia y el cuidado. Los que están dentro del sistema encuentran esta contradicción agotadora. Por eso, muchos de los que se acercan al epicentro del liderazgo pierden su integridad o dimiten.

HUMILDAD PARA NOSOTROS

El pasaje de la kénosis de Filipenses 2 presenta una visión que los cristianos anhelamos vivir, pero que saboteamos una y otra vez. Los gritos de «me gusta Jesús, pero no me gusta la iglesia» suelen surgir de experiencias frustrantes e incluso abusivas, cuando los fieles experimentan vergüenza y humillación por parte de congregantes, líderes y sistemas. Los pastores y las iglesias pierden credibilidad cuando, en lugar de abrazar el camino de Jesús, siguen el camino del imperio, renunciando a la vulnerabilidad en favor del poder y aprovechándose de los débiles. El pastor narcisista se vuelve como los reyes corruptos del antiguo Israel; su conciencia real está marcada por el poder y la autoprotección en lugar de la solidaridad con las ovejas heridas. Walter Brueggemann escribe:

> Tanto mediante su enseñanza como mediante su propia presencia, Jesús de Nazaret representó la crítica definitiva de la conciencia monárquica. De hecho, fue él quien desmanteló la cultura dominante e invalidó sus pretensiones. La forma que adopta su crítica definitiva consiste en su inequívoca solidaridad con los marginados, con la consiguiente vulnerabilidad que acompaña necesariamente a

dicha solidaridad. La única solidaridad digna de tal nombre es la que se caracteriza por el mismo desamparo y desesperación que conocen y experimentan los marginados.[30]

La larga y sórdida historia de la iglesia atestigua nuestro arrogante amor por el poder, la posición, la riqueza, el prestigio, el éxito y el privilegio. Como dice Henri Nouwen, anhelamos ser relevantes, espectaculares y poderosos, el cóctel tóxico rechazado por Jesús en su tentación del desierto, pero abrazado con gusto por muchos pastores de hoy.

Pero dada la cambiante dinámica eclesial y el creciente movimiento social que se toma en serio el narcisismo y los abusos del clero, la iglesia y sus servidores pueden encontrarse en una época de humillación y ajuste de cuentas. Mi esperanza es que respondamos a ella con humildad.

RECURSOS ADICIONALES

Walter Brueggemann. *La imaginación profética*. Santander: SalTerrae, 2009.

Marva Dawn y Eugene Peterson. *The Unnecessary Pastor: Rediscovering the Call*. Grand Rapids: Eerdmans, 1999.

Henri Nouwen, *En el nombre de Jesús. Un nuevo modelo de responsable de la comunidad cristiana*. Madrid: PPC Editorial y Distribuidora S. A., 2001.

---

[30] Walter Brueggemann, *La imaginación profética* (Santander: SalTerrae, 2009), 96.

CAPÍTULO 2

CÓMO ENTENDER EL NARCISISMO

Nuestra belleza divina se oculta bajo cortinas de vergüenza.
Gregorio de Nisa

El niño está aterrorizado. Todo el mundo espera que él dirija, y él no está seguro de poder hacerlo. Se le saltan las lágrimas, se cruza de brazos y empieza a mecerse. *Todos me miran.* Su corazón se acelera. Su mandíbula se aprieta. *Espero no desmayarme.* Su cara arde con un fuego que le sube por el pecho, lo envuelve y le aprieta la cabeza. *No puedo hacerlo. No puedo. Tengo mucho miedo.*[31]

Y de repente exclama: «¡Bienvenidos, amigos!». La congregación se pone en pie, ansiosa de su dirección. *Todos me miran*, piensa, *y se siente tan bien.* Su corazón se acelera. La adrenalina fluye como un rayo por su cuerpo tenso. El chiquillo se desvanece mientras dirige el escenario. «Dios es bueno, ¿verdad?», exclama, y oye gritos de «Amén» como respuesta. *Me aman*, piensa.

El niño o la niña pequeños acechan dentro de cada uno de nosotros: nuestros miedos, nuestra vergüenza, un profundo sentimiento de deficiencia. Si estamos relativamente sanos, nos hacemos amigos de nuestro miedo, nuestra vergüenza y nuestra deficiencia, y poco a poco nos convertimos en una persona integrada. Si no, huimos de estas emociones como de extraños amenazantes, viviendo en su lugar de un falso yo

---

[31] El material de esta sección apareció por primera vez en el sitio web del autor: Chuck DeGroat, "The Myth of Narcissus and the Hope of Redemption", *Becoming Yourself* (blog), 25 de julio de 2018, https://chuckdegroat.net/2018/07/25/the-myth-of-narcissus-and-the-hope-of-redemption/.

contingente, pulido y recompuesto. Pero aunque este falso yo siente la dicha momentánea de su desapego de la tormenta interior, en realidad no es libre en absoluto, sino que está atrapado en una rueda de hámster interminable, representando el mismo guion día tras día.

El mito de Narciso relata bien la historia. Aunque a menudo se cuenta como una narrativa de amor propio excesivo, es precisamente amor propio lo que le faltaba a Narciso. Es una historia de estar atascado, inmovilizado, fijado en una danza de la muerte. En su juventud corría libre, cazando en el bosque, amado y deseado por las jóvenes. Pero no dejaba que nadie tocara su corazón. Esta es la herida de la vergüenza. Quien se avergüenza no puede conectar y no puede volverse vulnerable. Es inamovible, intocable.

Un día, Narciso tiene sed y se dirige a un estanque para beber. En el agua ve su reflejo, una imagen tan sorprendente que se acerca para abrazarla. Pero la imagen se pierde con la alteración del agua, como ocurre con cada esfuerzo futuro, dejando a Narciso aún más desesperado. Inmovilizado ante el estanque, suspira por la imagen que nunca le devolverá su amor y acaba sucumbiendo a la desatención de sus necesidades básicas.

Terrence Real articula bien el significado del cuento:

La gente suele pensar en Narciso como el símbolo del amor propio excesivo, pero en realidad ejemplifica todo lo contrario. Como observó el filósofo renacentista Marsilio Ficino en el siglo XVI, Narciso no sufría de un exceso de amor propio, sino más bien de deficiencia de este. El mito es una parábola sobre la parálisis. El joven, que al principio aparece en movimiento inquieto, se queda de repente anclado en un punto, incapaz de abandonar el espíritu esquivo. Como señaló Ficino, si Narciso hubiera poseído verdadero amor propio, habría sido capaz de abandonar su fascinación. La maldición de Narciso es la inmovilización, no por amor a sí mismo, sino por dependencia de su imagen.[32]

----

[32] Terrence Real, *I Don't Want to Talk About It: Overcoming the Secret Legacy of Male Depression* (Nueva York: Scribner, 1998), loc. 526-30, Kindle.

Narciso está atrapado en un círculo vicioso de retroalimentación narcisista. El nombre *Narciso* procede del griego *narc*, que significa adormecimiento, una especie de estupor. Es el aguijón de la adicción lo que experimenta Narciso.

Un sano amor propio lo habría motivado a hacerse amigo de cada parte herida y cansada de sí mismo. El desprecio de sí mismo lo motivó a buscar en vano lo que creía necesitar para vivir, solo para morir por descuidar lo que realmente necesitaba.

Pero ni siquiera esta historia carece de esperanza, pues de la muerte de Narciso surge una flor. Toda historia redentora de un narcisista es una historia de muerte y resurrección.

ATRAPADO EN UN MOMENTO

Gary tiene cuarenta y cinco años. Soy su pastor y está en mi despacho porque su mujer, Sherri, tiene la intención de dejarlo si no empieza una consejería matrimonial. Se revuelve incómodo mientras intenta convencerme de que Sherri es una mujer obstinada y necesitada que simplemente no entiende a los hombres.

«Como el fin de semana pasado...», dice. «Un ejemplo perfecto: estoy cazando con los chicos. Ella espera que me reporte cada cinco minutos. ¿Qué? ¿Me acuesto con prostitutas? Claro, me estoy tomando unas cervezas, pero no es que esté haciendo nada malo».

Cuando invito a Sherri a entrar, Gary empieza a gruñir y suspirar audiblemente, se mueve inquieto en su asiento, vacila entre una mirada despectiva hacia Sherri y una cabeza inclinada en señal de resignación.

«Sherri, Gary me dice que todo esto es un gran malentendido. Él fue a cazar, apagó su teléfono, y tú entraste en pánico. Entonces, ¿esa es tu perspectiva?». Mi pregunta parece subir la temperatura de Sherri de 36 a 200 grados.

«Chuck, Gary fue a cazar. Como lo ha hecho muchas veces en muchos fines de semana cuando sus hijos tienen partidos de pelota y Ella tiene balé. Cuando está en casa, está en su tienda jugando con sus armas. O jugando a videojuegos. Gary tiene trece años. Y a menos que crezca, he terminado».

Gary replica: «Sí, gracias, mamá, siempre regañándome. ¿Por qué querría estar cerca para eso?».

Si el narcisismo fuera una historia de amor propio, entonces la cura podría ser un mayor desinterés por parte de Gary. Podría prescribir noches de cita, actos de servicio y algunas flores, de vez en cuando, como hacen muchos libros de autoayuda. Pero Gary no se ama demasiado a sí mismo. El sentido de derecho de Gary, su falta de empatía, su patrón de grandiosidad en su relación, todo esto apunta al narcisismo. Y el narcisismo nace en el suelo de la vergüenza y el autodesprecio, no del sano amor propio.

El narcisismo no tiene que ver fundamentalmente con el amor propio, sino con una huida del amor. El niño frágil se esconde y el falso yo protector toma las riendas. John Bradshaw escribe:

> Teniendo en cuenta que la crítica del yo realizada por el mismo yo constituye el núcleo de la vergüenza neurótica, es absolutamente necesario escapar del yo. Esto se consigue creando un falso yo. El falso yo siempre es más que humano o menos que humano; puede ser un perfeccionista o un patán, el héroe de la familia o la oveja negra. A medida que se forma el falso yo, el auténtico ego se esconde. Con el paso de los años, las capas de protección y engaño son tan espesas que el individuo ya no es consciente de quién es en realidad.[33]

Pero el falso yo no es un adulto. Es un niño, atascado en la adolescencia, que repite perpetuamente formas anticuadas de satisfacer sus necesidades en su cuerpo adulto actual. Como Narciso, mira y mira, solo para aislarse más, para encerrarse más en sí mismo.[34] Puede que ame la imagen que ha creado, pero no tiene capacidad real para amarse a sí mismo.

---

[33] John Bradshaw, *Sanar la vergüenza que nos domina* (Barcelona: Ediciones Obelisco, 2004), 33.

[34] Estar volcado sobre uno mismo es, en realidad, una antigua interpretación del pecado humano, como se ve en el uso que hace Agustín de la frase latina *homo incurvatus in se*, un concepto que luego formalizó Martín Lutero durante la Reforma protestante.

Amy dirigía un ministerio que llegaba a decenas de miles de personas necesitadas, pero estaba radicalmente desconectada de sus propias
necesidades. En realidad, el ego de Amy se veía reforzado por el numeroso personal y el importante impacto de su organización. El personal y
la organización eran una extensión de su propia identidad, el estanque
en el que se reflejaba su imagen. Así que cuando la organización fue
auditada y se puso en duda su integridad financiera, se descompensó.
Amy, que solía ser una líder fuerte y resistente, se derrumbó en el suelo
de mi despacho, retorciéndose, gimiendo y lamentándose.

Cuando analizamos la experiencia más tarde, Amy contó que se
sintió como si tuviera tres o cuatro años durante su episodio catártico.
«Fue como si tuviera un trauma atascado en mi cuerpo que nunca había
sido liberado».[35] Le pedí que viera la película de Disney *The Kid*,[36] pro-
tagonizada por Bruce Willis en un papel inverosímil. Parecía perpleja,
pero siguió adelante. Varios días después, envió un correo electrónico
diciendo: «*The Kid* me destruyó».

En *The Kid*, Bruce Willis interpreta a Russ Duritz, un asesor de
imagen, un papel apropiado para un narcisista. Trabajador y exigente,
Russ vive a través de su trabajo y su riqueza, y define su éxito en función
de ellos. Pero tiene un coste: se vuelve frío y poco empático, y se distancia de relaciones clave, como su padre. Entonces conoce a un extraño
niño llamado Rusty. Desconcertado por las apariciones aparentemente
aleatorias de Rusty, decide seguirle la pista, solo para ser conducido a un
viaje a su propio pasado. Con el tiempo, queda claro que Rusty es Russ
cuando era más joven. Russ es testigo de un encuentro con su padre que
había olvidado hacía tiempo, un momento doloroso en el que se lo culpa
de añadir estrés a su madre enferma. Entre lágrimas, su padre lo sacude
con fuerza y lo regaña, secándole las lágrimas mientras le dice que

---

[35] Para más información sobre cómo nuestro cuerpo procesa los traumas, véase el
trabajo pionero de Peter Levine, especialmente su *Curar el trauma: Descubre tu capacidad innata para superar experiencias negativas* (Barcelona: Diana, 2022). El trauma
no procesado a menudo necesita un evento de liberación, pero estos momentos
pueden ser desencadenados por acontecimientos vitales desestabilizadores.

[36] *N. del E.*: *El chico* en España, *Mi encuentro conmigo* en Hispanoamérica.

madure. Un leve tic facial sería la única marca externa de este incidente en la experiencia presente de Russ, pero una postura interna de control, defensiva y orientada al logro, dejaría cicatrices aún más indelebles.

«Ya veo lo que intentabas hacer», dijo Amy cuando la volví a ver. Entre lágrimas, me contó que era hija única y que a los tres o cuatro años se dio cuenta de la rabia de su padre y el miedo de su madre. Empezó a recordar cómo se había hecho responsable del cuidado de su madre, levantándole el ánimo con humor y encanto. Pero Amy nunca había llorado su propio terror y vergüenza. No tardó mucho más en empezar a atar cabos y reconocer que se había convertido en la cuidadora de miles de personas mientras desatendía su propio cuidado.

Puede que *narcisismo* no suene como una descripción apropiada para Amy, pero, a medida que le daba sentido a su historia, era la única palabra con la que podía quedarse. Se había convertido en una persona grandiosa, con sentido de derecho, una figura salvadora para el equipo y para aquellos a los que ayudaba. Sin embargo, muchos la percibían como fría, distante y poco empática, y las evaluaciones de 360 grados mostraban patrones de condescendencia y cansancio del equipo ante las exigencias de Amy.

«Mi padre era un narcisista», dijo. «Siempre lo he sabido. Simplemente me convertí en una versión más santificada de él. He estado atrapada en ese trauma durante treinta y cinco años, y me hizo falta una mala auditoría para verlo y enfrentarme a mí misma».

DEFINICIÓN DE NARCISISMO

El narcisismo pasó del mito a la ciencia a finales del siglo XIX, cuando un sexólogo británico llamado Havelock Ellis describió un complejo "tipo Narciso" en el que las personas se satisfacían sexualmente. Pero no fue hasta 1914 cuando Sigmund Freud situó el narcisismo en el mapa en su ensayo *Introducción del narcisismo*. Freud consideraba que el egocentrismo narcisista era una etapa necesaria del crecimiento, pero problemática si continuaba en la edad adulta. Curiosamente, los puntos de vista opuestos sobre el narcisismo sano frente al malsano se convirtieron en objeto de debate, pero la obra del ya mencionado Christopher Lasch, dependiente en gran parte de la visión más cínica del narcisismo del psicólogo Otto Kernberg, se convirtió en el acorde dominante del debate. Hoy en día, muchos sostienen que la caricatura binaria del narcisismo no es útil porque ignora los aspectos saludables del crecimiento de la confianza y la autoestima.[37]

Actualmente los criterios para el trastorno de la personalidad narcisista (TPN) se encuentran en el *Manual diagnóstico y estadístico de los trastornos mentales* de la Asociación Americana de Psiquiatría, actualizado con revisiones clave en junio de 2011. Para bien o para mal, este es el estándar de la industria, debatido cada varios años por profesionales que deliberan hasta encontrar algún consenso. En la última actualización se produjo un interesante debate sobre si el TPN debiera ser una categoría en sí misma o un grupo global de trastornos, incluidos los denominados trastornos del "Grupo B", entre los que se encuentran el trastorno de la personalidad límite (TPL), el trastorno de la personalidad histriónica (TPH) y el trastorno de la personalidad antisocial (TPA). Mi propia experiencia me dice que, si bien existen rasgos esenciales del TPN, hay una variedad de experiencias que se imaginan mejor a través de múltiples lentes, como las nueve que presentaré en el próximo capítulo. En otras palabras, no existe una única caricatura del narcisismo, sino muchos rostros.

El *DSM-5* ofrece un amplio conjunto de criterios para definir el narcisismo:

A. Alteraciones significativas en el funcionamiento de la personalidad manifestadas por:
   1. Deficiencias en el funcionamiento personal (a o b):
   a. Identidad: Referencia excesiva a los demás para la autodefinición y la regulación de la autoestima; la autovaloración

---

[37] Para una introducción más amplia a este debate, véase Craig Malkin, *Replantear el narcisismo: Claves para reconocer y tratar con narcisistas* (Barcelona: Editorial Eleftheria, 2021), cap. 1.

exagerada puede estar inflada o desinflada, o vacilar entre extremos; la regulación emocional refleja las fluctuaciones de la autoestima.

b. *Autodirección*: La fijación de objetivos se basa en obtener la aprobación de los demás; los estándares personales son irrazonablemente altos con el fin de verse a sí mismo como excepcional, o demasiado bajos basados en un sentido de derecho; a menudo, no son conscientes de sus propias motivaciones.

Y

2. Deficiencias en el funcionamiento interpersonal (a o b):

a. *Empatía*: Deficiencias en la capacidad para reconocer o identificarse con los sentimientos y necesidades de los demás; excesiva sintonía con las reacciones de los demás, pero solo si se perciben como relevantes para uno mismo; sobrestimación o subestimación del propio efecto en los demás.

b. *Intimidad*: Las relaciones son en gran medida superficiales y existen para regular la autoestima; la reciprocidad se ve limitada por el escaso interés genuino en las experiencias de los demás y el predominio de la necesidad de obtener beneficios personales.

B. Rasgos patológicos de personalidad en el siguiente ámbito:

1. Antagonismo, caracterizado por:

a. *Grandiosidad*: Sentimiento de derecho, abierto o encubierto; egocentrismo; firme creencia de que uno es mejor que los demás; condescendencia hacia los demás.

b. *Búsqueda de atención*: Intentos excesivos de atraer y ser el centro de atención de los demás; búsqueda de admiración.

C. Las deficiencias en el funcionamiento de la personalidad y en la expresión de los rasgos de personalidad del individuo son relativamente estables a lo largo del tiempo y constantes en distintas situaciones.

D. Las deficiencias en el funcionamiento de la personalidad y en la expresión de los rasgos de personalidad del individuo no se entienden mejor como normativas para la etapa de desarrollo o el entorno sociocultural del individuo.

E. Las deficiencias en el funcionamiento de la personalidad y en la expresión de los rasgos de personalidad del individuo no se deben únicamente a los efectos fisiológicos directos de una sustancia (*e. g.*, una droga, un medicamento) o a una afección médica general (*e. g.*, un traumatismo craneoencefálico grave).[38]

Estará de acuerdo conmigo en que hay mucho en esta definición. Permítame destacar algunas características clave.

En primer lugar, verá que la grandiosidad y la búsqueda de atención se agrupan bajo un solo aspecto de un conjunto más amplio de criterios. A menudo son las primeras cosas en las que pensamos cuando consideramos el narcisismo, pero siempre hay mucho más en juego.

En segundo lugar, observe las deficiencias de empatía o intimidad. El narcisista siempre está fuera de contacto consigo mismo y con los demás. Si bien puede ser encantador o congraciarse, esta personalidad es un falso yo, que protege al verdadero yo de la vergüenza y la exposición. A menudo la gente hablará de ser atraída a la órbita de un narcisista, pero tenga en cuenta lo difícil que es conectar con él una vez que están en la órbita. En un contexto ministerial, esto puede ser especialmente peligroso, ya que aquellos llamados a pastorear, enseñar o cuidar de otros tienen una mayor capacidad para fingir empatía. Se trata de una habilidad aprendida a una edad temprana en medio de las heridas originales de la infancia, un mecanismo defensivo y de autoprotección que permite relacionarse sin el riesgo de una vulnerabilidad real.

En tercer lugar, observe lo desconectado que está el narcisista de su sentido de identidad y dirección. Esto no significa que la persona narcisista sea vocacionalmente fracasada, sino que está fuera de contacto con su yo más profundo, encontrando su identidad en la piscina que mejor

---

[38] American Psychiatric Association, "DSM-IV and DSM-5 Criteria for the Personality Disorders" (2012), https://www.psi.uba.ar/academica/carrerasdegrado/psicologia/sitios_catedras/practicas_profesionales/820_clinica_tr_personalidad_psicosis/material/dsm.pdf.

refleje lo que él quiere ver. En el ministerio, los pastores utilizan a sus congregaciones para validar un sentido de identidad y valía. La iglesia se convierte en una extensión del ego narcisista, y sus altibajos conducen a temporadas de inflación y desinflamiento del ego del pastor. Hoy en día, las redes sociales se suman a esta mezcla. Dado que su sentido de la identidad está ligado a realidades externas, su sentido de la misión es vacilante e inamovible, lo que a menudo se manifiesta en visiones y programas en constante cambio, frecuente insatisfacción con el *statu quo* y un compromiso ansioso con el equipo y los miembros.

EL ESPECTRO NARCISISTA

El *DSM-5* no dice todo lo que hay que decir sobre el narcisismo. De hecho, el narcisismo tiene muchos rostros y muchas formas diferentes; algunas parecen caricaturas clásicas y otras son más sutiles y, a veces, incluso más insidiosas.

Para empezar, es importante recordar que el narcisismo existe a lo largo de un espectro que va de lo saludable a lo tóxico (véase la figura 2.1).[39] En un extremo se encuentra el narcisismo saludable, en el que vivimos con humildad, pero con confianza, anclados en la experiencia de ser amados profundamente a un nivel básico. Imaginemos a una niña que da una voltereta para su padre, recibiendo de él su aprobación. Cuando somos bien amados, desarrollamos una confianza sana y santa. Donde veamos un narcisismo sano, notaremos también una vergüenza sana, un reconocimiento de nuestras limitaciones y una humilde aceptación de que no somos el centro del mundo. Nótese cómo ambos aspectos funcionan en conjunto. Traducido para los cristianos, se trata de un reconocimiento tanto de nuestra belleza como de nuestro quebranto, un reconocimiento tanto del deleite de Dios en nosotros como de nues-

---

[39] P. J. Watson, "Complexity of Narcissism and a Continuum of Self-Esteem Regulation", en *Personality Disorders, Evidence and Experience in Psychiatry* 8, editado por Mario Maj (Nueva York: Wiley, 2005), 336-38. Para una versión de divulgación, véase Malkin, *Replantear el narcisismo*, cap. 3.

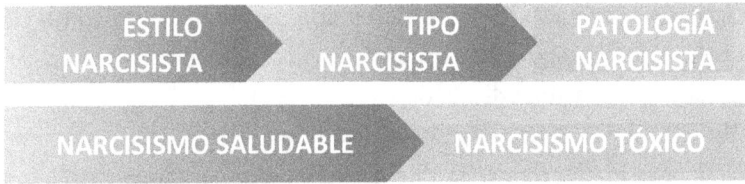

Figura 2.1. El espectro narcisista

tra debilidad y fragilidad humanas. Ambos elementos son esenciales para una vida plena en Cristo.

El narcisismo sano, tanto personal como organizativo, se manifiesta en la confianza más que en la certeza, en la empatía más que en el congraciamiento, en la claridad más que en la confusión, en la humildad más que en la arrogancia, en la curiosidad más que en la actitud defensiva.[40] A lo largo de los años, he conocido a muchos pastores talentosos, por ejemplo, cuya personalidad pública podría interpretarse como narcisista debido a su confianza y carisma, pero cuya humildad y autocomprensión demuestran salud en lugar de patología. Por eso no suele ser útil lanzar etiquetas basadas en las apariencias. Los clínicos tienen las herramientas y la capacidad de evaluación que no tienen los laicos.

Algunas personas muestran elevaciones en el espectro narcisista que indican un *estilo* narcisista de relacionarse.[41] Esto no es alarmante en sí mismo. De hecho, uno puede manifestar las características de salud que acabamos de examinar. A veces, hay razones circunstanciales para la elevación: por ejemplo, una temporada particularmente difícil del ministerio que lleva a la defensa del ego. O la elevación puede ser representativa de un patrón de relación de larga data que enmascara cierta inseguridad o ansiedad basada en la vergüenza, pero que la persona reconoce y

---

[40] Para una estimación secular del narcisismo sano, véase Susan Kolod, "What Is Healthy Narcissism?", *Psychology Today* (blog), 26 de septiembre de 2016, www.psychologytoday.com/us/blog/contemporary-psychoanalysis-in-action/201609/what-is-healthy-narcissism.

[41] Utilizo estas categorías con frecuencia en mis evaluaciones clínicas de candidatos pastorales cuando administro el Millon Clinical Multiaxial Inventory (MCMI-IV), que se basa en la investigación de Theodore Millon, PhD.

es capaz de manejar. Un estilo no es una patología, pero como clínico quiero prestar mucha atención a cómo se desarrolla en la vida de una persona y qué lo anima desde dentro.

Una elevación aún más pronunciada es el *tipo* narcisista. En este caso, la personalidad narcisista está más definida y es potencialmente más problemática. Se trata de personas que un espectador medio podría describir como narcisistas basándose en las caricaturas clásicas del narcisismo. De hecho, estas elevaciones pueden indicar la presencia de vergüenza tóxica y un patrón de afrontamiento que protege y defiende de una mayor vergüenza. Sin embargo, en mi experiencia, los que se encuentran en el rango de *estilo* a *tipo* tienen la capacidad de cierta medida de curiosidad. Aunque tal vez estén a la defensiva al principio, pueden bajar la guardia para evaluar su mundo interior y entablar conversaciones sinceras sobre las implicaciones de su narcisismo. Veo esto a veces en mis evaluaciones de candidatos pastorales, cuando una conversación sobre elevaciones narcisistas lleva a una autorreflexión honesta y a confesiones sinceras del impacto potencial de su comportamiento. Dicho esto, cuanto más elevado es alguien, más pronunciado puede ser el comportamiento narcisista, lo que lleva a posibles problemas en las relaciones, el trabajo y otros aspectos de la vida.

Cuando llegamos al último extremo del espectro, nos encontramos con un narcisismo patológico diagnosticable y, a menudo, tóxico en las relaciones y en el lugar de trabajo. En este caso, la psique está secuestrada por un "falso yo" que se convierte en la máscara principal que el narcisista lleva en el mundo.[42] La persona narcisista se convence de que ella es así, y el coste de su pérdida de conexión con su verdadero yo se manifiesta en un estilo tóxico de relacionarse. Lamentablemente, cuando el narcisismo se vuelve tóxico, la persona suele tener poca o ninguna capacidad de verse a sí misma o de ver los restos del daño relacional que deja a su paso. Su defensa del ego es el producto de años de autoprotección. Y la mayoría de los clínicos se mostrarían escépticos ante la perspectiva de un cambio sustancial.

---

[42] En particular, véase James Masterson, *Search for the Real Self: Unmasking the Personality Disorders of Our Age* (Nueva York: Free Press, 1988).

NARCISISMO GRANDIOSO Y VULNERABLE

A veces, las personas acuden a mí perplejas por lo que perciben como un comportamiento egocéntrico y narcisista, pero están perplejas porque no viene en el paquete habitualmente grandioso. Me resulta útil la distinción entre narcisismo grandioso y narcisismo vulnerable.[43] Probablemente se entiendan mejor como las dos caras de una moneda más que como dos variaciones distintas. El "narcisismo grandioso" se parece a la definición clásica del narcisismo, incluyendo la grandiosidad típica, la falta de empatía y los trastornos de la identidad y la intimidad. El "narcisismo vulnerable" parece más frágil, hipervigilante, tímido, sensible y deprimido. Los clínicos son más propensos a encontrar el estado narcisista vulnerable cuando la vida no está funcionando como se pretendía. Cuando la postura grandiosa no se puede mantener y las relaciones o el trabajo se ven afectados, «él o ella es cada vez más vulnerable a la vergüenza, el pánico, la impotencia o la depresión a medida que avanza su vida sin el apoyo de otras personas que lo admiren».[44]

Estrechamente relacionadas con esto están las expresiones de narcisismo manifiesto y encubierto. Aunque hay artículos y blogs populares que hacen esta distinción,[45] se trata de expresiones de narcisismo grandioso y vulnerable más que de categorías separadas.[46] Las expresiones

---

[43] Aaron L. Pincus y Michael J. Roche, "Narcissistic Grandiosity and Narcissistic Vulnerability", en *The Handbook of Narcissism and Narcissistic Personality Disorder: Theoretical Approaches, Empirical Findings, and Treatments*, editado por W. Keith Campbell y Joshua D. Miller (Hoboken, NJ: Wiley and Sons, 2011).

[44] M. J. Horowitz, "Clinical Phenomenology of Narcissistic Pathology", *Psychiatric Clinics of North America* 12, no. 3 (septiembre de 1989): 531-39.

[45] Véase, *e. g.*, Preston Ni, "7 señales de un narcisista introvertido encubierto", *Psychology Today* (blog), 16 de junio de 2020, https://www.psychologytoday.com/ar/blog/7-senales-de-un-narcisista-introvertido-encubierto.

[46] Véase Aaron L. Pincus y Mark R. Lukowitsky, "Pathological Narcissism and Narcissistic Personality Disorder", *Annual Review of Clinical Psychology* 6: 8.1 8.21 (2010), https://pdfs.semanticscholar.org/b407/2db2b0bf23f61f8913d305ce22fe-f4bda677.pdf.

manifiestas incluyen comportamientos, actitudes expresadas y emociones más visibles para los demás. Las expresiones encubiertas incluyen cogniciones, sentimientos privados, motivos secretos y necesidades más profundas que probablemente estén ocultas y a menudo sean desconocidas incluso para uno mismo.

Estas y otras categorizaciones útiles nos proporcionan una imagen más grande y amplia del narcisismo más allá de la caricatura clásica.[47] Conocerlas puede ayudarlo a entender por qué se siente un poco trastornado o manipulado o simplemente confundido a veces en la relación con alguien cuyo estilo de personalidad es difícil, pero puede no parecer clásicamente narcisista. Estas distinciones también pueden ayudar a prevenirnos de soltar la palabra irresponsablemente en las redes sociales o en una conversación casual.[48]

¡VAYA GRUPO!

Un comité de evaluación de plantación de iglesias con el que estaba trabajando se quedó atónito cuando un candidato no resultó ser narcisista, sino que mostró los niveles más altos posibles en otro espectro completamente distinto: el trastorno de la personalidad histriónica (TPH). El presidente preguntó: «¿Entonces no es narcisista?». Es una pregunta complicada que merece la pena analizar.

Resulta que el TPN comparte las características de regulación emocional y control de impulsos problemáticos con sus primos más cercanos del *DSM-5*, que encuentran todos un hogar en lo que el *DSM-5* denomina "Trastornos de la personalidad del Grupo B". Mi argumento

---

[47] David M. Buss y Lisa Chiodo también proporcionan categorías útiles que muestran una gama de disposiciones narcisistas y las acciones consecuentes que pueden resultar. Estas siete disposiciones se manifiestan como los principales estilos relacionales que llevamos dentro de nuestra vida cotidiana. "Narcissistic Acts in Everyday Life", *Journal of Personality* 59, no. 2 (junio 1991): 179-215.

[48] Si desea alejarse de los artículos populares en línea y entrar en la teoría sólida, su primera compra debe ser Campbell y Miller, *Handbook of Narcissism*.

clínico es que cada uno de los trastornos de la personalidad dentro de este grupo tiene TPN en su base, pero muestra características únicas que no se ven en el TPN propiamente dicho. Por eso hay diferentes "rostros" del narcisismo.

En mi propio trabajo, veo que el TPH aparece frecuentemente como una elevación cuando evalúo pastores, candidatos pastorales y líderes de ministerios cristianos. El TPH se presenta con menos grandiosidad que el TPN, pero su rasgo característico es la búsqueda de atención. Aquellos en el espectro de TPH anhelan la atención y la aprobación de los demás, y utilizan sus palabras, apariencia o acciones para captar la atención que buscan tan desesperadamente. Se trata de una persona que siempre está en escena, cuya característica facilidad para el dramatismo puede manifestarse de formas que inspiran, pero también ofenden. Suelen tener relaciones superficiales y tienden a sobrevalorar la intimidad, creyendo que ciertas amistades son más profundas y honestas de lo que realmente son. La cercanía relacional puede fluctuar en función de la utilidad de la persona para su agenda. Además, muchos con TPH se sentirán atraídos por los últimos y más relevantes productos, estrategias o modas, lo que puede llevar a la confusión y al cambio constante en un entorno ministerial. Los pastores con TPH pueden ser adictos a la adrenalina y a la aventura, adictos al alcohol y a la nicotina, y grandes derrochadores. A menudo los oigo alegar TDA o TDAH como forma de excusar sus comportamientos. Pueden compartir las emociones de forma exagerada y dramática, pero evitan la vulnerabilidad real o la conexión. Al final, este primo del narcisismo comparte muchos de los rasgos del narcisismo y puede morder igual de fuerte.

Aunque no lo veo con tanta frecuencia entre los pastores, a veces aparece otro primo: el trastorno de la personalidad límite (TPL). El TPL se caracteriza por una inestabilidad interpersonal que dificulta las relaciones coherentes y sanas. Las personas con TPL pueden tener personalidades dramáticas que resultan atractivas, pero su necesidad de reafirmación constante y su miedo omnipresente al abandono pueden cansar a quienes los rodean. Pueden arremeter con rabia contra los demás o autolesionarse. En última instancia, una sensación interna de vacío y vergüenza es omnipresente. Su narcisismo se manifiesta menos grandioso y más vulnerable, y está caracterizado por la inseguridad, la vergüenza y el miedo. Debido a las exigencias interpersonales del ministerio pastoral, creo que las personas con TPL diagnosticable no pueden abordarlo, no durarán mucho en un papel pastoral visible y encontrarán otras salidas para el ministerio, como la consejería o la capellanía. Dicho esto, los pastores se encontrarán a menudo con mujeres y hombres con TPL en sus congregaciones y a menudo encontrarán que cuidar de ellos es especialmente desafiante.[49]

Por último, el trastorno de la personalidad antisocial (TPA), a veces denominado sociopatía, es profundamente alarmante y doloroso cuando aparece en entornos eclesiales y ministeriales. De hecho, aunque el *DSM-5* todavía no lo ha reconocido como una categoría clínica oficial, algunos teóricos han elegido el término "narcisismo maligno" para describir al narcisista con comportamientos sociopáticos.[50] Propenso a la indiferencia insensible, la manipulación y la violación de las normas, el TPA aparece a menudo entre los depredadores pastorales que usan y abusan de su poder para explotar a los demás. Los que padecen TPA parecen desvergonzados. A menudo actúan con la creencia de que no serán descubiertos, o que están por encima de la responsabilidad o las consecuencias. Un narcisismo aún más pronunciado, el TPA puede parecer arrogante, pero encantador; manipulador, pero convincente; emocionante, pero peligroso. Las personas que se sienten atraídas por el campo gravitatorio de alguien con TPA suelen ser muy susceptibles a su personalidad poderosa, segura y aparentemente infalible. Pero los restos relacionales que dejan tras de sí pueden ser su perdición final.

---

[49] Para más información, consulte mi libro *Las personas más difíciles de amar: Cómo entender, guiar y amar a las personas difíciles que hay en su vida, incluido usted mismo* (Miramar, FL: Editorial Patmos, 2016).

[50] Véase Otto Kernberg, *Agresividad, narcisismo y autodestrucción en la relación psicoterapéutica: Nuevos desarrollos en psicopatología y psicoterapia de los trastornos graves de la personalidad* (Ciudad de México: Manual Moderno, 2005).

MIRANDO BAJO LA LÍNEA DE AGUA

Aunque las definiciones diagnósticas son útiles, no revelan el gigantesco iceberg de vergüenza que se esconde bajo la superficie y que impulsa el comportamiento narcisista. De hecho, es solo cuando vemos por debajo de la línea de agua que empezamos a entender a y a tener empatía por un narcisista.

La vergüenza impulsa el narcisismo. Es una historia milenaria. El teólogo de la iglesia primitiva san Gregorio de Nisa dijo que nuestra «belleza divina» está «oculta bajo cortinas de vergüenza».[51] Y aunque los teólogos han señalado a menudo el orgullo como la razón de la caída en desgracia de la humanidad ilustrada en Génesis 3, es más convincente —tanto teológica como psicológicamente— ver la vergüenza como la fuerza subyacente que impulsó a Adán y Eva hacia el árbol prohibido. La serpiente, como un afinado crítico interior, apela a sus carencias. Adán y Eva piensan que han sido despojados. En un jardín extraordinario, se les prohíbe comer de un árbol en particular: el árbol de la ciencia del bien y del mal. ¿Les está ocultando Dios algo?

Adán y Eva experimentan la limitación por primera vez. ¿Por qué Adán y Eva buscan el fruto? Quizás ya han empezado a creer la mentira de la vergüenza tóxica: que no es suficiente, que ellos no son suficientes y, quizás lo más importante, también han empezado a dudar de la bondad de Dios.

Todas las adicciones empiezan por la vergüenza. No empiezan con un comportamiento problemático —un atracón de pornografía, una noche de exceso de alcohol—, sino con una sensación de carencia o limitación.[52] Un adicto puede ser amado profundamente, pero, como Narciso, está ciego a ello, atrapado en un ciclo desesperado de intento

---

[51] Gregorio de Nisa, *Homilies on the Beatitudes: An English Version with Commentary and Supporting Studies*, editado por Hubertus R. Drobner y Alberto Viciano (Leiden: Brill, 2000), 70.

[52] Para un perfil convincente del ciclo de la adicción, véase Patrick Carnes, *Saliendo de las sombras. Entendiendo la adicción sexual* (Minneapolis: CompCare Publishers, 1985).

de autosalvación. Adán y Eva lo tenían todo, pero percibieron que les faltaba algo y tomaron la satisfacción por su mano en lugar de aceptar los límites que Dios les había dado como criaturas.

Hace algunos años estaba hablando sobre la vergüenza cuando alguien del público gritó: «Lo entiendo, pero vivimos en una cultura que no siente vergüenza. La gente ya no siente vergüenza. Hacen lo que les da la gana». Entiendo la queja, pero hay algo más en la historia. Aunque la idea predominante ha sido que las sociedades occidentales tienden a suprimir la vergüenza, las investigaciones del sociólogo Thomas Scheff demuestran que el umbral de la vergüenza en las sociedades occidentales en realidad está disminuyendo.[53] Tenemos más probabilidades de experimentarla y, al mismo tiempo, de suprimirla.

Es una constatación aterradora. Somos más propensos a actuar cuando no estamos en contacto con nuestra vergüenza, no somos conscientes de nuestras limitaciones, no estamos familiarizados con las cuestiones profundas que acechan bajo la línea de agua. Desconocemos o nos sentimos incómodos con nuestro vacío interior, nuestra tristeza o nuestra vergüenza, y somos propensos a desplazarlas hacia la comida o la bebida, el sexo o las drogas, incluso hacia las personas.

No estamos en contacto con nosotros mismos, con nuestro corazón, con nuestra historia, con nuestros sentimientos. Vamos por el mundo usando a los demás y las cosas para satisfacer el profundo dolor que llevamos dentro. Al hacerlo, dejamos atrás campos de escombros de dolor, relaciones rotas y sueños destrozados. La vergüenza tiene que ver fundamentalmente con una desconexión interior, surgida de nuestra infancia, que conduce a una desconexión relacional en el presente.[54] Usamos y manipulamos a las personas, la comida, las sustancias, incluso la espiritualidad, en una búsqueda de la plenitud interior que anhelamos.[55] En

---

[53] Thomas J. Scheff, "Shame and the Social Bond: A Sociological Theory", *Sociological Theory*. Vol. 18, n.° 1 (marzo 2000), pp. 84-99.

[54] Véase Patricia DeYoung, *Comprender y tratar la vergüenza crónica: Sanar el trauma relacional del hemisferio derecho* (Barcelona: Editorial Eleftheria, 2024).

[55] El trabajo de Pia Mellody sobre el abuso y la adicción es muy útil. A menudo habla de un tipo de abuso desempoderador que conduce a la vergüenza y la victimización,

su forma más extrema, el narcisismo puede manifestarse en violencia, intimidación, coacción y anarquía. Todo ello impulsado por un enorme iceberg de vergüenza.

Pocos saben que este es el drama interior de quien padece narcisismo. Pocos pueden empatizar con su desesperada necesidad de conectar con algo —con cualquier cosa— cuando la mordedura del narcisismo penetra y hiere. Y, sin embargo, solo atendiendo a la herida interior puede uno curarse verdaderamente de ella. El niño o la niña que lleva dentro está herido, y el falso yo narcisista bien construido le proporciona un escudo para protegerlo. Pero el niño anhela ser conocido. Y estoy convencido, basándome en mi trabajo con narcisistas, de que el falso yo protector está cansado y anhela terminar con la farsa.

Dicho esto, como me recuerdan regularmente en mi trabajo con los que han sido abusados por narcisistas, la historia de heridas del narcisista jamás es una excusa para su abuso. Los narcisistas no tienen reparos en usar su historia o su percepción de ser víctimas como una excusa y un medio para manipular. Aquellos que se sienten deslumbrados por la atracción gravitatoria del narcisismo pueden incluso permitir que el narcisista se desentienda de su comportamiento. Miramos por debajo de la línea de agua para comprender, incluso empatizar, pero nunca para excusar el comportamiento narcisista, especialmente en sus formas más abusivas.

Pero debemos reconocer la compleja dinámica psicológica que actúa en el narcisista. Al hacerlo, estamos equipados para la conciencia, la autoprotección y —con sabiduría y discernimiento— la empatía.

RECURSOS ADICIONALES

John Bradshaw. *Sanar la vergüenza que nos domina*. Barcelona: Ediciones Obelisco, 2004.

---

y de un falso abuso empoderador que conduce a la desvergüenza y la grandiosidad. Ambos son problemáticos para un niño que crece buscando en las adicciones el amor auténtico que necesitaba.

W. Keith Campbell y Joshua D. Miller (Eds.). *The Handbook of Narcissism and Narcissistic Personality Disorder: Theoretical Approaches, Empirical Findings, and Treatments*. Hoboken, NJ: Wiley and Sons, 2011.

James Masterson. *Search for the Real Self: Unmasking the Personality Disorders of Our Age*. Nueva York: Free Press, 1988.

CAPÍTULO 3

LOS NUEVE ROSTROS DEL NARCISISMO

Quítate la máscara. Tu cara es gloriosa.
Rumi

Dado que muchos tienden a asociar el narcisismo con el político grandilocuente o el pastor de la megaiglesia, es crucial que ampliemos nuestra perspectiva, prestando especial atención a la gama más amplia de narcisismo que vemos en nuestra vida cotidiana y en la iglesia. En este capítulo, quiero profundizar la teoría, ofreciendo perfiles de nueve rostros del narcisismo.

Los nueve rostros son mi aplicación única de una importante herramienta llamada eneagrama. Esta herramienta nos ayuda a identificar nuestras máscaras o *personas*, los falsos yoes que ocultan nuestro verdadero yo y sabotean el amor a uno mismo, a Dios y al prójimo. Thomas Merton nos advierte de las implicaciones de confundir nuestra máscara con nuestro verdadero rostro:

Ahora bien, si consideramos que nuestro vulnerable caparazón es nuestra verdadera identidad, si pensamos que nuestra máscara es nuestro verdadero rostro, la protegeremos con fabricaciones aun a costa de violar nuestra propia verdad. Este parece ser el empeño colectivo de la sociedad: cuanto más afanosamente se dedican los hombres a ello, más ciertamente se convierte en una ilusión colectiva, hasta que al final tenemos la enorme, obsesiva e incontrolable dinámica de la fabricación diseñada para proteger meras identidades ficticias: "yoes", es decir, considerados como objetos.[56]

El eneagrama nos ayuda a liberarnos de nuestras ilusiones y fabricaciones, invitándonos a abrazar nuestro yo más profundo y verdadero en Cristo. Uno de los primeros sabios del eneagrama, Óscar Ichazo, llamó a los rostros "fijaciones", es decir, formas en las que nos volvemos fijos, apegados, incluso adictos a maneras de vivir la vida al margen de la gracia siempre abundante de Dios. El lenguaje de la fijación resuena con la narrativa del narcisismo, esa idea de que nos volvemos fijos en nuestro falso yo, inmovilizados e insensibles a la vitalidad y a la presencia en el mundo.

A diferencia de muchas evaluaciones contemporáneas de la personalidad, el eneagrama identifica patrones y hábitos desordenados de relación que surgen de nuestra personalidad ya formada y de nuestras heridas infantiles.[57] Con el tiempo, esta personalidad se reconoce como fija —lo que somos—, aunque eso no quiere decir en absoluto que nuestras formas defectuosas de relacionarnos no puedan cambiarse. El eneagrama no se inhibe en su uso del lenguaje del pecado, reconociendo una idea importante: que el pecado no se trata fundamentalmente de un mal comportamiento que realizamos, sino de hábitos que se arraigan cuando intentamos satisfacer necesidades primitivas. El pecado es la forma en que vivimos fuera de la unión con Dios, que habita en nosotros (1 Co 3:16), pero cuya presencia podemos eludir y evitar a través de patrones de vida de autosabotaje.

Los Padres de la Iglesia primitiva llamaron "pasiones" a los patrones primarios de pecado, tomando prestado un término latino que también podría traducirse como "sufrimientos". A medida que vivimos un patrón único o "rostro" del pecado, empezamos a pensar que ese rostro es el

---

[56] Thomas Merton, *Raids on the Unspeakable* (Nueva York: New Directions, 1966), 15-16. En español: *Incursiones en lo indecible* (Santander: SalTerrae, 2004).

[57] Para un análisis útil sobre esta dinámica, véase Christopher L. Heuertz, *El eneagrama sagrado: Encuentra tu camino único al crecimiento espiritual* (Nashville: Grupo Nelson, 2020).

nuestro. La teóloga Wendy Farley escribe: «Las pasiones se convierten en una segunda naturaleza y parecen ser una parte esencial de nuestra identidad. Cuanto más se hayan entrelazado con la identidad propia, más difícil será destronarlas».[58] El eneagrama identifica nueve pasiones: nueve formas en las que el yo que Dios nos ha dado puede ser eclipsado por un falso yo, con una energía que lo impulsa hacia la autosatisfacción y la reducción de la vergüenza en lugar de hacia una profunda realización en la *shalom* de Dios. Mientras lee, permanezca abierto a los patrones que pueden haber surgido hace mucho tiempo en usted o en alguien a quien ame, patrones que no representan el verdadero yo, sino que se han convertido en una máscara, un rostro que carga para sobrellevar las tormentas de la vida.

El eneagrama se organiza en torno a tres tríadas, centros primarios de energía que se representan como tipos de corazón, tipos de cabeza y tipos de intestino/cuerpo. En este capítulo, utilizaremos este esquema organizativo, examinando primero los tipos de corazón (2, 3 y 4), luego los tipos de cabeza (5, 6 y 7) y, por último, los tipos de intestino/cuerpo (8, 9 y 1). Los tipos de corazón se basan principalmente en la vergüenza, los tipos de cabeza se basan principalmente en la ansiedad y los tipos intestino/cuerpo se basan principalmente en la ira.[59] Resulta interesante que los principales debates psicoanalíticos sobre el TPN puedan resumirse como debates sobre qué se encuentra en el núcleo del narcisismo: la ira/enojo narcisista, la vergüenza primitiva o la ansiedad crónica.[60] No se trata de una mera coincidencia, sino de un intento psicoanalítico de tomar en serio los datos de las experiencias de las perso-

---

[58] Wendy Farley, *The Wounding and Healing of Desire: Weaving Heaven and Earth* (Louisville, KY: Westminster John Knox, 2005), 47.

[59] Para un breve resumen, consulte Richard Rohr, "Belly, Heart, and Head", Center for Action and Contemplation, 26 de abril de 2016, https://cac.org/belly-heart-head-2016-04-26/.

[60] Véase Elsa Ronningstam, "Psychoanalytic Theories on Narcissism and Narcissistic Personality", en *The Handbook of Narcissism and Narcissistic Personality Disorder: Theoretical Approaches, Empirical Findings, and Treatments*, editado por W. Keith Campbell y Joshua D. Miller (Hoboken, NJ: Wiley and Sons, 2011).

nas. Las tríadas del eneagrama pueden ser una forma de explicar estas teorías divergentes.

Los tres grandes centros energéticos —corazón, cabeza e intestino/cuerpo— son como las tres vías potenciales que podemos tomar basándonos en una interacción única de naturaleza y crianza en las historias. Thomas Keating explica que, como resultado de nuestras heridas infantiles, buscamos satisfacer nuestras necesidades a través de las vías de la estima y el afecto (tipos de corazón), la seguridad y la supervivencia (tipos de cabeza), y el poder y el control (tipos de intestino/cuerpo).[61] La ampliación de estos centros de energía en tres tipos distintos ofrece una imagen aún más diversa de cómo puede manifestarse el narcisismo. Esto evita que nos inclinemos por una caricatura monolítica del narcisismo, a la vez que muestra cómo las características únicas del TPN pueden estar más presentes en una personalidad que en otra.

Al final del capítulo, proporciono recursos para profundizar en el eneagrama, de modo que si este es un lenguaje nuevo para usted, no tiene por qué asustarse. También incluyo un apéndice al final del libro con reflexiones sobre el crecimiento y la transformación de cada tipo.

Que yo sepa, nadie había establecido antes una conexión clara entre el eneagrama y los trastornos de la personalidad. Sin embargo, después de haber trabajado con el eneagrama y haberlo enseñado durante más de quince años, creo que las conexiones que establezco son complementos útiles y valiosos para las conversaciones tanto sobre el narcisismo como sobre el eneagrama.[62] Con cada tipo, intento no presentar una forma meramente tóxica de narcisismo, sino que espero que el lector pueda discernir la fina línea que separa el narcisismo sano, que puede ser un regalo, de la mordedura que puede infligir cuando es tóxico.

Lo invito a leer estas descripciones lenta y deliberadamente, no con la vista puesta en un medio rápido de encasillar a otra persona, sino con una humildad que reconozca que cada uno de nosotros, independientemente

---

[61] Véase Thomas Keating, *La condición humana: Contemplación y cambio* (Bilbao: Desclée de Brouwer, 2001).

[62] Agradezco las críticas y aclaraciones de aquellos que han interactuado con el eneagrama en profundidad.

de si estamos en el espectro narcisista o no, somos a la vez hermosos y rotos, complejos y únicos.

LOS TIPOS DE CORAZÓN (VERGÜENZA)

Eneatipo 2: El salvador. La iglesia es quizás el ámbito en el que más se produce el sobrefuncionamiento. Marva Dawn y Eugene Peterson escriben: «El peligro constante para aquellos de nosotros que entramos en las filas de los ordenados es que asumimos un papel, un papel religioso profesional, que gradualmente borra la vida del alma... La humildad retrocede a medida que avanza el liderazgo».[63] Como consideramos que nuestras tareas son santas y sagradas, vamos más allá para ayudar, complacer y servir. A veces, vinculamos nuestra valía a nuestra capacidad de dar. Esto puede ser especialmente cierto entre el clero, que muestra altos índices de fatiga por compasión y agotamiento.[64]

El agotamiento y el resentimiento son las cargas de lo que el autor y terapeuta Michael Cusick denomina como "narcisista benevolente".[65] Aunque está motivado para ayudar, su fuerza motriz puede no ser la empatía, sino el ego, propenso a curar sus propias heridas intentando curar a los demás. Puede parecer una persona amable, accesible y desinteresada, pero detrás de las escenas se está tramando un plan secreto, todo en aras de su propia necesidad de controlar su propio dolor controlando a los demás.

Jan era hija única, nacida de padres cuyas credenciales académicas y contribuciones eruditas eran intachables. La llegada de Jan al mundo

---

[63] Marva Dawn y Eugene Peterson, *The Unnecessary Pastor: Rediscovering the Call* (Grand Rapids: Eerdmans, 1999), 14.

[64] Véase C. A. Darling, E. W. Hill, y L. M. McWey, "Understanding Stress and Quality of Life for Clergy and Clergy Spouses", *Stress and Health* 20, no. 5 (octubre 2004): 261-77; y S. S. Ferguson, "Clergy Compassion Fatigue", *Family Therapy Magazine* 2 (2007): 16-18.

[65] Mi agradecimiento a Michael Cusick por este lenguaje que ofreció en una breve conversación sobre el narcisismo y los tipos dos del eneagrama.

fue celebrada al principio, pero su madre (Debra) no tardó en reconocer que Jan era una interrupción en su vida profesional. Debra luchó por establecer un vínculo con Jan, encontrándose a veces resentida y otras arrepentida. Lamentablemente, Jan interiorizó a una edad muy temprana que su necesidad alejaba a mamá, y con el tiempo se volvió complaciente, alegre y servicial. A Jan la elogiaban por ser la "niña grande" o la "ayudante de mamá", y a veces le daban la responsabilidad de recoger los libros de mamá o de entretener a sus compañeros. Conseguía que todo el mundo se sintiera bien consigo mismo. Aprendió a desenvolverse en los lugares. Muy pronto la matricularon en una academia cristiana competitiva y de élite, y le dijeron que algún día cambiaría el mundo. Todo en sus primeros años de vida se orientó a agradar, encantar, ayudar, salvar el día y salvar el mundo.

Jan tiene cuarenta años. Está agotada. Su sentido de la importancia personal la ha superado. Siempre presente, siempre servicial, siempre responsable, siempre encantadora, se ha vuelto amargada y resentida. Ahora que es pastora, está enfadada con una congregación a la que considera que no sirve lo suficiente ni da lo suficiente económicamente. En realidad, su sobrefuncionamiento deja poco espacio para su participación. Su frustración y resentimiento se manifiestan en sermones manipuladores, diálogos condescendientes y mensajes pasivo-agresivos en las redes sociales. Su gente se siente confundida: ella siempre aparece rápidamente en una crisis, siempre encantadora y aparentemente invulnerable, siempre va más allá, pero luego sienten que le deben algo.

Quienes están en la órbita de esta persona benévolamente narcisista pueden sentirse confusos, ya que siempre se proyecta un mensaje contradictorio: «Yo puedo hacerlo todo» y «tú nunca haces lo suficiente». Cuando los demás no cumplen con ella, se vuelve resentida y enfadada, juzgando en silencio al otro. Llena de resentimiento, pero sin querer admitirlo, ignora sus propias necesidades. Aislada de su corazón, se vuelve dura de corazón y, al hacerlo, puede volverse cruel, manipuladora, agresiva y vengativa.

Eneatipo 3: El ganador. Vestido con la elegancia de un vendedor de autos, Jake se paseaba de un lado a otro del escenario, pronunciando su sermón a la perfección. La congregación tomaba notas. Los "amenes" eran fuertes y frecuentes. La sonrisa de Jake parecía llegar de un lado a otro del escenario.

Cuando estás en una relación con esta persona, él es el ganador y tú te sientes como un perdedor. Él sabe cómo cerrar el trato mientras que tú no eres más que un holgazán asustado e inseguro. Afloran todas tus inseguridades de la secundaria por no ser tan genial como la porrista o el armador del equipo. Te sientes inferior, incompleto, incompetente, no lo suficientemente bueno.

Este rostro del narcisismo suele parecerse a la caricatura clásica del narcisismo *grandioso*: la persona encantadora, superior y excepcional. Tienen una necesidad casi desesperada de ser vistos. La emoción del logro es como un subidón de dopamina que conduce a una necesidad adictiva de más. La adicción al trabajo es un rasgo común, pero a menudo ascienden a puestos de liderazgo, exigiendo la misma motivación a los demás. Desconectados de sus sentimientos y necesidades internas, permanecen en la superficie emocional, a menudo incapaces de empatía o conexión real. Sin embargo, se alimentan de aplausos y afecto. Viven para ganar. Y lo que es más importante, están aterrorizados por el fracaso.

Cuando se desencadenan sentimientos de fracaso, puede producirse un efecto "Jekyll y Hyde" que cambie el encanto por la rabia. El vendedor, a veces hábil, puede volverse beligerante y utilizar sus habilidades verbales para insultar, manipular, rebajar y condescender. Los sentimientos de fracaso se proyectan en el otro para proteger su frágil ego. El gran psicólogo del siglo XX Heinz Kohut llamó a esta "rabia narcisista" una protección defensiva contra la vergüenza.[66] Lo que suele ser complicado en la iglesia es que la gente no vea el lado oscuro. Un cónyuge que sufre maltrato puede cuestionarse el hecho de que el maltratador sea encantador, seductor y convincente. ¿Cómo puede *él* ser un maltratador?

En su libro *The Faces of Forgiveness*, el teólogo F. LeRon Shults y el psicólogo Steven J. Sandage escriben que «las tendencias narcisistas hacia la explotación y el sentido de derecho reflejan un deseo de usar el poder

---

[66] Heinz Kohut, "Narcissism and Narcissistic Rage", *Psychoanalytic Study of the Child* 27 (1972): 379-92.

contra los demás y un sentido de merecer excesiva admiración y respeto».[67] Estos son rasgos y tendencias que no pertenecen a un seguidor de Jesús, y sin embargo, en entornos ministeriales, los líderes narcisistas pueden acaparar un gran poder y ejercerlo de manera cruel, manipuladora, tortuosa y explotadora. De hecho, su rabia suele ir acompañada de celos latentes de cualquiera que les robe atención, poder o admiración.

La iglesia de Jake creció a lo largo de una década hasta convertirse en una con más de dos mil miembros y varias sedes, pero el impulso de Jake no disminuyó con el crecimiento. Se hizo más poderoso y receloso de cualquiera que amenazara su poder, y su interminable necesidad de ser el centro de atención lo llevó a socavar, exasperar e incluso despedir a sus mejores empleados a lo largo de los años. Sus seguidores adoraban sus numerosos libros sobre el amor y la gracia de Dios, pero los que estaban en su órbita más cercana experimentaron su ira. Su necesidad adictiva de admiración lo llevó a tener varias aventuras sentimentales y, finalmente, una aventura física, que sus fieles admiradores le ayudaban a encubrir.

Merton escribe: «El orgullo nos hace artificiales y la humildad nos hace reales».[68] La esperanza es que una persona así experimente el fracaso y la humillación, y aprenda de ello. La triste realidad es que muchos intentan encubrir el fracaso y protegerse de cualquier cosa que pueda opacar el brillante barniz.

Eneatipo 4: El individualista. Todos anhelamos ser especiales para alguien, pero el eneatipo cuatro del eneagrama tiene un profundo anhelo de ser visto, comprendido y considerado como particularmente único y especial. Hay un dolor interior, una sensación de estar incompleto, una tristeza siempre presente y silenciosa. Como ocurre con todo el centro de energía del corazón, la vergüenza es el motor silencioso entre bastidores.

---

[67] F. LeRon Schults y Steven J. Sandage, *The Faces of Forgiveness: Searching for Wholeness and Salvation* (Grand Rapids: Baker, 2003), 57.

[68] Thomas Merton, *No Man Is an Island* (Nueva York: Shambhala, 1955), 119. En español: *Los hombres no son islas* (Buenos Aires: Editorial Sudamericana, 1998).

La capacidad de sentir profundamente es a la vez el gran don y la gran carga de esta persona. Propensa a una forma más vulnerable de narcisismo, el dolor es introvertido y se manifiesta en una sensación de nunca ser suficiente, que a veces emerge en sentimientos de autocompasión y desesperación. Su vida puede parecer una tormenta de drama, impulsada por necesidades insatisfechas que emergen como dardos desde el centro de la tempestad, hiriendo a quien no las percibe o comprende. Aunque es capaz de sentir grandes emociones, puede ser menos capaz de sentir empatía porque se ocupa principalmente de su propio dolor. Sus relaciones pueden ser intensas, vehementes y apasionadas, pero con altibajos. En un momento usted es parte de su vida, usted es amado, es su confidente; en otro, usted la ha traicionado. Una evaluación de esta persona puede revelar un diagnóstico como trastorno de la personalidad histriónica o de la personalidad límite, pero el impacto narcisista no es menor.

La personalidad irresistible de Becca y su sentido de la moda hicieron girar cabezas en el instituto y en la universidad. Pero ahora se encuentra en su primer trabajo como pastora de jóvenes en una gran iglesia, a menudo trabajando muchas horas y sintiéndose poco percibida por el pastor de jóvenes y poco apreciada por los niños. En lugar de ocuparse de su dolor, se autolesiona cortándose. De alguna manera, el acto de tallarse metódicamente líneas en el antebrazo adormece el dolor más profundo y le da una sensación de control. Su creciente dolor también la lleva a autosabotearse en el trabajo. El ascenso de un compañero de trabajo la enfurece e imprudentemente envía un correo electrónico de reacción a todo el equipo de la iglesia. Nadie sabe qué hacer con ella; la perciben como una bomba de tiempo. En voz baja, los murmullos son constantes: «Siempre se trata de Becca».

El narcisismo vulnerable de Becca en realidad cubre su vergüenza de toda la vida. Quiere que la vean, la quieran y la comprendan, pero sabotea esta necesidad con dramas y victimismo para llamar la atención. Paradójicamente, las personas que la quieren valoran su personalidad única, pero no saben cómo cuidarla y se sienten confundidas sobre si son parte de su vida o no. En consecuencia, los compañeros de la iglesia bailan un baile relacional cuando están cerca de ella, tratando de decidir si la involucran o la evitan.

El intenso anhelo de esta persona se manifiesta en la envidia, una sensación siempre presente de que alguien tiene eso que me falta y que yo necesito. Es más, los que tienen esta energía se sienten con derecho a esa cosa ilusoria. Para las personas que se relacionan con Becca, esto puede ser confuso y exasperante; en el peor de los casos, puede experimentarse como abusivo y enloquecedor. Sin embargo, el caos que proyecta hacia el exterior es una proyección del caos que siente en su interior.

TIPOS DE CABEZA (ANSIEDAD)

Eneatipo 5: El investigador. Mientras el pastor facilita su sesión de consejería pastoral, Jennifer comparte honestamente desde su corazón mientras su marido Gary toma notas en un bloc de notas amarillo, levantando de vez en cuando la mano a la barbilla para pensar qué escribir a continuación. Gary tiene cincuenta años y lleva veintisiete casado con Jennifer. Ella cuenta que está cansada de estar casada con un ordenador. «Lo único que hace es introducir y sacar información. Es como si fuera incapaz de sentir empatía o emoción». Gary, profesor de lenguas bíblicas en un seminario y autor de varios libros de texto, mira con condescendencia a Jennifer (si es que establece contacto visual).

Esto es narcisismo como elitismo intelectual. Él sabe más que usted. Es distante, aparentemente poco emotivo, y se enorgullece de no sentir. Usted es una persona necesitada y demasiado emotiva. Él lo tiene todo resuelto y usted es un desastre. La grandiosidad en esta persona se experimenta en su disposición distante y preocupada, que puede parecer superior y condescendiente. Retirado en la torre de control de su mente, lo observa a usted y a los demás desde la distancia, evaluando, analizando, recopilando datos, todo lo cual puede ser utilizado en su contra cuando sea el momento adecuado.

A menudo se trata de mujeres y hombres superdotados a una edad temprana. Muchos fueron lectores precoces, contentos de estar solos durante horas con un libro en lugar de relacionarse con sus compañeros. Pero los que se vuelven narcisistas experimentaron vergüenza a una edad temprana. Tal vez sintieron que sabían más o mejor que sus padres. Tal vez fueron criticados por su aislamiento social. Tal vez el abuso los llevó a un santuario interior. En cualquier caso, quienes están en su órbita se sienten menos inteligentes, menos reflexivos, menos informados. En su éxito de ventas *El drama del niño dotado*, Alice Miller los describe como

> los que, de niños, aventajaban intelectualmente a sus padres y eran admirados por ellos, pero a la vez quedaban abandonados con sus problemas porque los padres no estaban a su altura. Esta gente puede transmitirnos una sensación de potencia, pero también, en cierto modo, una invitación a defendernos con medios intelectuales contra cualquier impotencia ascendente. En su presencia sentimos que ignoran nuestra necesidad, del mismo modo que ellos tampoco fueron vistos nunca en su aflicción por sus padres, para quienes tenían que ser siempre fuertes.[69]

La iglesia puede tener un atractivo único para los que poseen conocimientos especiales. El gnosticismo siempre ha ocupado un lugar especial en la historia eclesiástica, y ciertas denominaciones y tradiciones tienden a privilegiar el intelectualismo.

En mis primeros años, mi padre seguía a un personaje de la radio cristiana cuyos estudios bíblicos y sesiones de preguntas y respuestas presentaban excéntricas interpretaciones alegóricas y espiritualizadas de las Escrituras. Aunque sus múltiples predicciones sobre el fin del mundo nunca llegaron a cumplirse, muchos lo siguieron y algunos tomaron importantes decisiones vitales basándose en sus teorías extravagantes. Era un iluminado, o eso creían muchos.

Curiosamente, sospecho que mi padre y yo —ambos susceptibles a la vergüenza y la inseguridad— nos alimentamos de la certeza intelectual de este líder. Ambos nos dimos cuenta a su debido tiempo (en gran parte

---

[69] Alice Miller, *El drama del niño dotado y la búsqueda del verdadero yo* (Barcelona: Tusquets Editores, 2020), 151.

porque el iluminado, aunque a veces impresionante, a menudo se mostraba incapaz de pensar y relacionarse de forma madura y matizada). Su inteligencia intelectual no iba acompañada de inteligencia emocional.

Con alguien que manifiesta este tipo de energía narcisista, entrar en contacto, a nivel emocional, con los sentimientos de pérdida y vergüenza puede llevar años. La mayoría de las veces es necesario que vea el impacto que tiene en las personas más cercanas a él —como un niño abatido porque es muy distante— para que sienta la pérdida que vivió de niño. La esperanza es que pueda experimentar el sabor de la humildad y la curiosidad relacional. Como dijo el gran padre del desierto Evagrio Póntico: «Feliz el que ha llegado a la ignorancia insuperable».[70]

Tipo 6: El guardián. La ansiedad básica de una persona narcisista hipervigilante puede ser agotadora. A menudo demasiado sensible, temeroso y consciente de las reglas, esta persona es el guardián, siempre en alerta. A menudo se sienten atraídos por la iglesia debido a su necesidad de experimentar límites, normas morales y seguridad. Prefieren la coherencia y desconfían de las situaciones imprevisibles o espontáneas.

Durante los años de liderazgo de Sandra en la Iglesia Bautista Ebenezer hubo muchas tormentas, pero ella se enorgullecía de ser el ancla firme, siempre dispuesta a recordar a la gente lo que la iglesia siempre había hecho y defendido. Podía ver una crisis a una milla de distancia y apagar el fuego. Como presidenta del comité de búsqueda pastoral durante casi veinte años, era la persona que tenía más influencia en la elección del pastor. Siempre conseguía encontrar a un "Eddie estable"[71], como ella lo llamaba: un pastor fiel y obediente que predicara la Palabra y mantuviera viva la tradición de Ebenezer.

Sin embargo, ella no estaba en el comité cuando Howard fue seleccionado. Howard tenía una visión de cambio, y Sandra pudo olerla desde su primer sermón. En pocas semanas, estaba sembrando dudas sobre el liderazgo de Howard en las mentes de sus amigos. Cuando Howard propuso "modernizar el culto", ella no pudo contenerse; se abalanzó

---

[70] Evagrio Póntico, *La práctica*, 120.

[71] *N. del E.*: en inglés "steady Eddie", jerga para hablar de una persona hábil y razonable en quien se puede confiar para hacer un trabajo de manera adecuada.

sobre él durante una reunión de ancianos, gritándole que violaba las tradiciones de la iglesia y pidiendo su dimisión. Pero nadie se puso de su parte. Fue Roxie, una anciana que había servido junto a Sandra durante una década, quien finalmente tuvo el valor de decir: «Llevamos años caminando con pies de plomo a tu alrededor, y no puedo seguir haciéndolo. Las cosas van a cambiar y tendrás que afrontar tus problemas de control».

Gabbard escribe que los narcisistas hipervigilantes «escuchan atentamente a los demás en busca de pruebas de cualquier reacción crítica, y tienden a sentirse menospreciados en todo momento».[72] En el fondo, temen el rechazo, por lo que tratan de controlar su realidad para evitarlo. Don Richard Riso y Russ Hudson, del Enneagram Institute, señalan las características de la creciente insalubridad de esta persona:

> Para compensar sus inseguridades, se vuelven sarcásticos y beligerantes, culpan a los demás de sus problemas y adoptan una postura dura hacia los "extraños". Altamente reactivos y defensivos, dividen a la gente en amigos y enemigos, mientras buscan amenazas a su propia seguridad. Autoritarios a la vez que temerosos de la autoridad, son altamente suspicaces y, sin embargo, conspiradores e instigadores del miedo para acallar sus propios temores.[73]

Los narcisistas hipervigilantes crean ansiedad en las personas y los sistemas que los rodean. Por un sentido del principio o del deber, pueden secuestrar buenos procesos y planes, atascados en la preocupación y temerosos del cambio. Son guardianes de sistemas e ideas, y sienten cualquier amenaza como un movimiento hacia el caos, un descenso a la anarquía. El tirón narcisista se experimenta como más vulnerable,

---

[72] Glen O. Gabbard, "Two Subtypes of Narcissistic Personality Disorder", *Bulletin of the Menninger Clinic* 53, no. 6 (noviembre 1989): 527-32.

[73] Don Richard Riso y Russ Hudson, "The Loyalist: Enneagram Type Six", Enneagram Institute, consultado el 11 de agosto de 2019, www.enneagraminstitute.com/type-6.

carente de grandiosidad, pero con un gran control, con falta de empatía y una identidad secuestrada.

Lamentablemente, quienes luchan contra la hipervigilancia suelen admitir que carecen de alegría. Fijos y obsesionados con lo que pueden controlar, pierden de vista a quienes los aman y desaprovechan oportunidades de crecimiento y cambio.

Eneatipo 7: El optimista. A pesar del dolor de su esposa, Travis siguió hablando de la bondad del Señor y de la provisión de Dios. Su esposa, Shanna, estaba sentada en silencio, sintiéndose abandonada por Dios en medio de su diagnóstico de cáncer, pero él seguía recordándole que este era «el buen plan de Dios» y que experimentaría la sanidad «en un abrir y cerrar de ojos».

Travis era el eterno optimista, siempre pendiente de la nueva cosa buena que Dios podía hacer en su vida, siempre planeando el futuro, alegre y brillante. Pero la enfermedad de Shanna provocaba en él una ansiedad aún mayor, enviándolo a un frenesí de tópicos espirituales que solo repugnaban a Shanna. «No necesito tus espiritualizaciones, Travis. Te necesito a ti. Pero todo esto tiene que ver contigo. Tu ansiedad. Tu necesidad de sentir que Dios puede arreglar esto. Y yo te he perdido por completo».

El estilo de relacionarse de Travis es un ejemplo de evasión espiritual, una forma de abuso espiritual en la que se evitan las emociones reales y el dolor profundo en favor de una panacea espiritual. En lugar de hacer el duro trabajo del lamento y el dolor, esta persona ora, ayuna o receta un remedio espiritual, siempre a la búsqueda de la solución. Al ser la que más evita el dolor de los nueve rostros, se distancia rápidamente de su propio dolor, por no hablar del dolor de los demás. La persona que lucha se sentirá desconectada e incluso puede sentirse abandonada en su momento de dolor.

Este rostro del narcisismo es grandilocuente en su optimismo sobre lo que podría ser, muestra un sentido de derecho en su convicción de que Dios responderá a sus oraciones y carece de empatía tanto hacia su propio dolor como hacia el de los demás. Uno de los grandes pioneros del sistema eneagrama, el psicólogo Claudio Naranjo, consideraba que este era el tipo narcisista dentro de su sistema único de personalidad.[74] Esta persona va saltando por la superficie de la vida, continuamente yendo hacia la siguiente experiencia, incapaz de honrar el momento presente. Aunque su energía puede parecerse a la del ganador (eneatipo 3), su impulso no es hacia un logro, sino hacia una experiencia.

Y aunque puede ser el alma de la fiesta, los más cercanos a él a menudo se cansan. En los sistemas de iglesia, puede ser el pastor que imagina constantemente un nuevo ministerio y misión, veinte pasos por delante de quienes necesitan tiempo para procesar y considerar las implicaciones. En algunos casos, puede considerarse especialmente iluminado, el sabio gurú que ve el futuro cuando otros solo ven los desafíos. Puede ser irresponsable, ignorar los detalles, abusar de las finanzas o tener comportamientos adictivos. Puede ser impulsivo y trazar nuevos rumbos con frecuencia. Este tipo es más propenso a los comportamientos adictivos o a las experiencias que fomentan una sensación de trascendencia o ilimitación. La comida, la bebida y el sexo son vías adictivas típicas.

En última instancia, quienes entran en contacto con esta persona pueden sentir una desconcertante mezcla de duda en sí mismos («¿Por qué no puedo pensar, dirigir, imaginar, lograr cosas como él?»), confusión («Hace algunas cosas buenas, pero también me hace daño») y agotamiento («No puedo seguir su estilo de vida»). A menudo, para cambiar, es necesario que el dolor en su vida sea tan grande que ya no pueda evitarlo.

TIPOS DE INTESTINO (IRA)

Eneatipo 8: El desafiador. El desafiador suele ser un líder, una persona a la que le gusta tener el control, ser asertiva y fuerte. Sus opiniones son firmes, su presencia es grande y su poder es palpable. Por supuesto, esto no es, por definición, narcisismo. En una forma sana,

---

[74] Claudio Naranjo, *Carácter y neurosis: Una visión integradora* (Barcelona: Ediciones La Llave, 2011).

puede ser un liderazgo audaz. Pero también puede ser un potente cóctel para el narcisismo.

Mientras que los líderes sanos pueden mostrar tanto fortaleza como humildad, el desafiador narcisista es invulnerable y potencialmente desvergonzado. Vive su vida para evitar la debilidad, y eso lo obliga a proteger cualquier parte vulnerable o frágil de sí mismo en su interior. Muestra rasgos clásicos de un trastorno narcisista de personalidad grandioso y manifiesto: un sentido de superioridad, una preocupación excesiva por el poder y el estatus, la expectativa de que los demás lo obedezcan, un comportamiento y actitudes arrogantes, y la explotación de sus relaciones interpersonales.

El desafiador lucha con curiosidad y paciencia, por lo que merece el nombre de "alguien que se apresura a desafiar, criticar y corregir". Aunque se lo considere insensible, en realidad está muy en sintonía con el dolor y la injusticia, y responde con rapidez. Sin embargo, los que tienden al narcisismo responderán de forma reactiva, no reflexiva. Uno podría fijarse en la rápida acción del apóstol Pedro para proteger a Jesús, sacando su espada para cortar la oreja del siervo del sumo sacerdote.

Jim era un pastor ejecutivo cuyo éxito en el mundo de los negocios lo convirtió en una contratación atractiva para Denise, que desempeñaba su primer cargo como pastora principal en una iglesia urbana más grande. Denise, que nunca había dirigido un equipo numeroso, quería contratar un "líder fuerte", como ella decía, con la esperanza de que se hiciera cargo de un equipo ineficaz. Sin embargo, al cabo de unos meses, algunos se quejaban del acoso de Jim. Sandy, que dirigía la pastoral juvenil, dijo: «Nunca he visto una presencia peor. No tiene empatía, solo opiniones». Dick, pastor de discipulado durante mucho tiempo, citó la condescendencia de Jim en las reuniones que mantenían entre ellos, a pesar de que Jim era más joven y no tenía experiencia en el ministerio antes de este cargo.

Cuando Denise se sentó a hablar de estos temas con Jim, este dejó pasar poco tiempo antes de lanzarse a una diatriba sobre su "liderazgo débil e inseguro" y su "frágil personalidad". Denise estaba devastada. Cuando lo planteó a su consejo de liderazgo, decidieron investigarlo. El informe de Jim, confiado y seguro de sí mismo, relató su experiencia con Denise como el desafortunado resultado de su falta de experiencia en el liderazgo, y alegó que él solo intentaba ayudarla a crecer. El consejo, confundido, se puso de parte de Jim, exigiendo a Denise que contratara a un asesor de liderazgo y pidiendo a Jim que asumiera aún más responsabilidades. Denise dimitió.

Los que se relacionan con el desafiador a menudo se sienten impotentes para lograr un cambio. Como puede ser enérgico, convincente e incluso explotador, uno puede optar simplemente por la autoprotección en lugar de la reconciliación, por la resignación en lugar de la esperanza. La triste realidad es que el desafiador, en el fondo, anhela ser amado en su lugar de mayor vulnerabilidad. Si estuviera abierto, se sentiría reconfortado por las palabras de Henri Nouwen, que escribe: «Formamos una comunidad de débiles, transparente a Aquel que nos habla en los lugares solitarios de nuestra existencia y nos dice: No temas, eres aceptado».[75] Por desgracia, el desafiador también es un protector, que atrinchera su propio corazón frágil tras un muro poderoso e impenetrable.

Eneatipo 9: El pacificador. Para algunos puede resultar exagerado creer que este tipo de personalidad puede ser propenso al narcisismo. De hecho, las imágenes tradicionales del narcisismo no encajan del todo con el comportamiento a menudo reservado y pacífico de esta persona. Una vez más, debemos inclinarnos por los aspectos más sutiles e introvertidos del narcisismo vulnerable y encubierto.

Este rostro del narcisismo puede experimentarse como alguien distante, poco empático y pasivo-agresivo. Aunque exteriormente muestre un comportamiento tranquilo, esta persona esconde una ira latente, un resentimiento que no emerge como el poder del desafiador o la crítica del perfeccionista, sino como un juicio silencioso. Anhelan secretamente el amor y la admiración, en ausencia de los cuales pueden volverse autocompasivos y criticones. Aislados de sus propias emociones y necesidades primarias, pueden ser fríos en sus relaciones y alienar a sus allegados. En situaciones de estrés, pueden volverse paranoicos y ansiosos, inaccesibles para sus seres queridos y amigos. Desconectados

---

[75] Henri Nouwen, *Out of Solitude: Three Meditations of the Christian Life* (Notre Dame, IN: Ave Maria, 2004), 28.

de su yo más profundo, evitan la responsabilidad, proyectando la culpa sobre sus allegados. Como dijo una vez el padre del desierto abba Poimén: «Hay un tipo de persona que parece callada, pero que en su interior critica a los demás. En realidad, esa persona está hablando todo el tiempo».[76]

Jana siempre había sido vista como la simpática, la clase de persona con la que nadie podía tener problemas. Era una chica tímida, constante en su servicio a la iglesia y a la familia, pero socialmente reservada. Ajena a sus propias necesidades, a menudo absorbía el drama de los demás, aguantando en silencio los golpes de casi todos los que estaban en su órbita.

Pero Jana tenía su reverso. Algunos lo describían como una "rabia silenciosa". Otros decían que era la persona con el corazón más frío que habían conocido. Se decía que "podía hacértelo pagar" simplemente con su presencia, manteniéndose en un silencio cargado de ira. Y nadie dudaba de que era pasivo-agresiva; se apresuraba a decir a los demás que estaba bien, que no estaba enojada o que no era para tanto cuando, en todos los casos, estaba claro que sí lo era.

Lo irónico de esto es que, aunque el tipo 9 del eneagrama exhibe la menor cantidad de poder manifiesto, tiene un poder silenciosamente encubierto y sutil que puede afectar a los demás. Los que están en su órbita pueden experimentar su juicio, su rabia, su decepción. Pueden sentirse confusos, sin saber muy bien cómo se siente, pero percibiendo con claridad la energía que transmite su actitud. Algunos sentirán que caminan con pies de plomo, mientras que otros percibirán que esa persona los hace pagar simplemente al permanecer fría y obstinada. Eficaz a la hora de cortar sus propios sentimientos, puede negar a los demás el amor, la empatía y la intimidad. Este poder sutil y manipulador es mucho más potente de lo que parece.

En el contexto de la iglesia, este tipo de narcisismo puede ahogar la comunicación, la conexión y la creatividad, ya que el personal o los

---

[76] Abba Poimén, citado en Yushi Nomura, *Desert Wisdom: The Sayings of the Desert Fathers* (Maryknoll, NY: Orbis, 2001), 83. En español: *Sabiduría del desierto* (Madrid: Ediciones San Pablo, 1985).

equipos de alabanza u otros grupos sienten la ira que no se comunica abiertamente. Sin palabras, esta persona tiene el poder de obligar a otros a renunciar, dimitir o acatar. Sin embargo, como su comportamiento típico es agradable, puede hacerse la víctima, señalando con el dedo a los demás con la firme creencia de que nunca tendría el poder de infligir el daño que ellos afirman que ha infligido. Por esta razón, esta cara del narcisismo puede ser la más difícil de leer.

Eneatipo 1: El perfeccionista. «Siempre tiene que tener la razón», dice ella, mirándolo con cautela, esperando que le responda en un instante. Pero no lo hace, en parte porque yo estoy en la habitación y él intenta cooperar. Sin embargo, está furioso. Ella puede sentirlo. Yo lo noto.

Con tono condescendiente dice: «A ver, cariño, no seamos así». Su cara está inclinada, sus cejas fruncidas, y parece un padre regañando a un niño.

«Este es su juego», dice ella. «Estoy casada con un abogado que no puede mantener una conversación sincera e íntima. Siempre estoy en juicio. Pero él es juez y jurado».

Él me mira con la esperanza de que yo, un «hombre lógico» (como dice más tarde), vea a través de su «necesidad» y «necedad» y ayude a que ella entre en razón. Cuando no correspondo a su mirada de «estamos juntos en esto», se inquieta. Intuyo que no se sentirá seguro conmigo a menos que conspire con él, pero su mujer no se sentirá segura si hago lo contrario. Estamos en un momento frágil, y es difícil saber si estamos en un tribunal o en una sala de terapia.

Esta historia ofrece una pequeña visión de una experiencia con un perfeccionista narcisista. A menudo inteligente, lógico y con principios, el hambre de verdad y bondad del perfeccionista puede poner orden, incitar a otros a una causa justa e incluso inspirar. Este tipo de persona tiene la capacidad de ver que las cosas no son como deberían ser y puede proyectar una visión de un mundo mejor. Y, sin embargo, la energía perfeccionista puede volcarse hacia el juicio del otro, un cuchillo esgrimido al servicio de la rectitud, pero con consecuencias tóxicas. En sus momentos más narcisistas, es cruel y condescendiente, santurrón y moralista, indignado y abrasivamente iracundo.

Es importante tener en cuenta que el falso yo abogado y perfeccionista es un mecanismo de protección para sus sentimientos de no ser lo suficientemente bueno. Quizá lo criticaron por no ser un "buen chico"; quizá ella escuchó "chica mala" una y otra vez. En el fondo, hay una sensación palpable de ansiedad: *tal vez estoy equivocado, tal vez soy deficiente*. Como hemos dicho antes, debajo subyace una vergüenza devastadora.

Los que tenemos rasgos de perfeccionismo, pero no somos narcisistas diagnosticables, podemos responder a la descripción de un cónyuge con un arrepentido: «Siento mucho haber hecho eso. Sé que te hace daño. A veces me pongo tan ansioso que siento que tengo que controlarlo todo». Pero esto se vuelve tóxico cuando nuestra personalidad se ve secuestrada por el falso yo compensatorio del perfeccionismo. El eneatipo uno narcisista hará cualquier cosa para protegerse de estar o sentirse mal, de la sensación de deficiencia basada en la vergüenza que subyace a la estrategia de ser perfecto, bueno y correcto. Susan Krauss Whitbourne escribe:

> Usted no solo puede esperar que sus amigos, seres queridos y familiares narcisistas quieran que sea perfecto, sino que puede anticipar que exteriorizarán sus propios sentimientos de debilidad descargándolos sobre usted. Si a su pareja le preocupa su aspecto cansado, estresado o desordenado, estas preocupaciones se traducirán en críticas sobre su aspecto desaliñado y fatigado.[77]

Este perfil de narcisismo puede aparecer con más frecuencia en la iglesia. El perfil de mando y control de esta máscara de narcisismo me recuerda a pastores de megaiglesias con los que he trabajado, así como a directores ejecutivos de empresas, fundadores, políticos y abogados. También lo he visto bajo la apariencia del obrero esforzado que trabaja diez horas al día y espera una buena comida, unas cervezas y sexo de su obediente esposa cuando llega a su casa. Hace años lo vi en una mujer de cuarenta y tantos

---

[77] Susan Krauss Whitbourne, "Why It's So Hard to Live with Narcissists", *Psychology Today* (blog), 12 de julio de 2014, www.psychologytoday.com/blog/fulfillment-any-age/201407/why-its-so-hard-live-narcissists.

años cuya reputación de perfección llevó a su restaurante a lo más alto de las listas, pero alienó a los cocineros y a otros empleados. Lo he visto en un entrenador lleno de ira, así como en una madre misionera que hacía que sus hijos se alinearan como los von Trapp en *The Sound of Music*.[78] Además, puede convertirse en una característica colectiva de determinadas comunidades religiosas; de hecho, Steven Sandage y Shane Moe señalan que «algunas comunidades espirituales concretas pueden perpetuar ciclos de narcisismo y vergüenza promoviendo el perfeccionismo espiritual y validando la escrupulosidad y el autocastigo basados en la vergüenza».[79]

CONCLUSIÓN

Comprender cómo el eneagrama se cruza con la personalidad narcisista lleva nuestra imaginación más allá de las caricaturas. Se nos invita a ver las manifestaciones únicas del narcisismo en personalidades que no suelen ser vistas como grandilocuentes o necesitadas de atención. De hecho, es posible que haya visto a alguien que conozca en las descripciones anteriores.

Hace años, trabajé con una mujer que no dejaba de defender a su marido, un pastor rural de voz aparentemente suave, incluso cuando yo le señalaba aspectos de su forma de relacionarse y comportarse que eran hirientes e incluso perjudiciales para ella. Durante años, sintió que él la menospreciaba y le faltaba el respeto; a menudo se sentía aterrorizada, pero no sabía por qué. Entraba y salía sin avisar. Bebía demasiado y se burlaba de ella en voz baja. Se mofaba de su peso y le negaba recursos económicos. Años de ser maltratada emocionalmente embotaron su deseo de más.

Era un hombre tranquilo con un poder inmenso. Su golpe contundente no llegaba en forma de exhibición grandiosa, sino a través de un

---

[78] N. del E.: *Sonrisas y lágrimas* en España, *La novicia rebelde* en Hispanoamérica.

[79] Steven Sandage y Shane Moe, "Narcissism and Spirituality", en Campbell y Miller, *Handbook of Narcissism*, 414.

susurro bien dirigido. Sus feligreses veneraban su tranquila autoridad. A ella la aplastaba. Al final, abandonó la terapia. Su marido la había convencido de que su necesidad era una evidente falta de confianza en Dios.

Si tuviera las categorías que tengo hoy, podría haberme dado cuenta de la dinámica de un eneatipo seis temeroso y sumiso que se doblega a la voluntad de un eneatipo nueve silenciosamente airado y abusivo. Es una corazonada, al menos. Pero lo que tengo muy claro es que ella experimentó la mordedura despiadada del narcisismo.

Los rostros del narcisismo son más diversos de lo que solemos imaginar. Y como veremos en el próximo capítulo, cuando aparecen en alguien que se cree llamado a liderar el rebaño de Dios, personas y sistemas enteros experimentan su devastador impacto.

RECURSOS ADICIONALES

Beatrice Chestnut. *The Nine Types of Leadership: Mastering the Art of People in the 21st Century Workplace*. Brentwood, TN: Post Hill Press, 2017.

Christopher L. Heuertz. *El eneagrama sagrado: Encuentra tu camino único al crecimiento espiritual*. Nashville: Grupo Nelson, 2020.

Helen Palmer. *El eneagrama en el amor y el trabajo: Cómo comprender y facilitar tus relaciones personales y laborales*. Madrid: Neo Person, 1995.

CAPÍTULO 4

CARACTERÍSTICAS DEL
PASTOR NARCISISTA

Es terrible cuando alguien así se cree un profeta o un mensajero de Dios
o un hombre con la misión de reformar el mundo... Es capaz de destruir
la religión y hacer que el nombre de Dios sea odioso para los hombres.
Thomas Merton

Stephen es pastor de una iglesia de 2500 miembros en las afueras de una gran ciudad. Durante sus diez años de liderazgo, el equipo se ha encontrado con sus vacilaciones de encanto e ira, su feroz represalia ante la deslealtad percibida, su estilo de liderazgo dictatorial y sus hábitos personales de abuso de alcohol y sexualización degradante. Antiguos miembros del personal y líderes crearon un grupo privado en Facebook para dar rienda suelta a sus historias de frustración y abuso. La mayoría sentía que nunca se lo haría responsable de sus actos. Sin embargo, armándose de valor, varios miembros actuales y antiguos del equipo se unieron para presentar acusaciones formales contra Stephen.

Su respuesta inmediata fue reconocer, en general, sus «errores a lo largo de los años», pero lo hizo al tiempo que ponía sutilmente en duda la credibilidad de sus acusadores. Muy pronto, la historia se hizo pública en las redes sociales, y los seguidores de sus libros y sermones salieron en su defensa, reconociendo su humildad e implorando a la gente que viviera «por gracia», como Stephen había enseñado. Mientras tanto, la junta directiva se preocupó ante la perspectiva de perder a Stephen. Se encubrieron las denuncias de conducta sexual inapropiada. Otros pastores y personalidades cristianas influyentes salieron en su defensa, lo que acabó desanimando a quienes habían presentado las acusaciones. Stephen sigue siendo pastor hoy en día.

Una historia como esta provoca rabia y una sensación de injusticia. Algunos de los que lo lean podrían decir: «Está hablando de mi pastor». Otros pueden ver características familiares en los recientes escándalos que han sacudido a las iglesias evangélicas. Todos deberíamos estar de acuerdo en que este no es el tipo de persona que debería pastorear el rebaño de Dios. Y, sin embargo, en mi experiencia, esta historia es demasiado común, un testimonio del hecho de que todavía no hemos lidiado con la realidad generalizada del narcisismo entre el clero.

Como señala Diane Langberg, el mantra de un líder espiritual narcisista es: «Soy más grande, soy mejor, y no tengo ningún interés en comprender mi impacto en ti, excepto en la medida en que puedas alimentar mi ego».[80] Por supuesto, la grandiosidad de un pastor narcisista solo oculta su larga y oscura sombra. Los plantadores de iglesias a los que he entrevistado, por ejemplo, suelen experimentar un fuerte "llamado de Dios", la afirmación de los demás y dones evidentes para comunicar, inspirar, atraer e influir. Sin embargo, el lado oscuro del pastor narcisista alberga vergüenza, rabia, dudas sobre sí mismo, caos interior y miedo intenso: miedo a no ser suficiente, miedo a no estar a la altura de sus propias expectativas o las de los demás, miedo al fracaso moral o vocacional, miedo a no estar en lo cierto. La sombra nunca desaparece; siempre está al acecho, un recordatorio constante de una fragilidad que el pastor preferiría no admitir. Al final, la amenaza de la humillación y la vergüenza mantiene al narcisista en defensa propia y en control.

Por supuesto, la vergüenza es el enorme iceberg que existe bajo la superficie del agua. Debido a que el narcisista es a menudo incapaz de una intimidad real, busca oportunidades para una falsa intimidad y para tranquilizarse a sí mismo. La adicción es a menudo una forma de control,

---

[80] Diane Langberg, "Narcissism and the Systems It Breeds", conferencia para el Forum of Christian Leaders, vídeo, publicado el 5 de mayo de 2016, www.youtube.com/watch?v=4BU3pwBa0qU.

una manera de validar la omnipotencia del narcisista.[81] He asesorado a muchas iglesias en las que pastores influyentes, carismáticos y populares que predican la gracia luchan en privado contra adicciones como las relaciones extramatrimoniales, las sustancias, los juegos de azar, los trastornos alimentarios, la pornografía, el ejercicio, etc.[82] Es más, el sentido de identidad propia del narcisista puede ser su mayor adicción. Lasch escribe: «El narcisista no puede identificarse con alguien sin verlo como una extensión de sí mismo, sin obliterar la identidad del otro».[83]

El pastor narcisista es un peligro para el rebaño. El profeta lo dice en Ezequiel 34:1-4:

> Vino a mí palabra de Jehová, diciendo: Hijo de hombre, profetiza contra los pastores de Israel; profetiza, y di a los pastores: Así dice el Señor Jehová: ¡Ay de los pastores de Israel, que se apacientan a sí mismos! ¿No deben los pastores apacentar el rebaño? Coméis la grosura, y os vestís de la lana, degolláis la engordada; mas no apacentáis a las ovejas. No fortalecisteis las débiles, ni curasteis la enferma; no vendasteis la perniquebrada, ni volvisteis al redil la descarriada, ni buscasteis la perdida, sino que os habéis enseñoreado de ellas con violencia y con dureza.

En lugar de cuidar del rebaño, el pastor narcisista solo se preocupa de sí mismo. Se beneficia del rebaño, sin ofrecer amor abnegado. No muestra ningún cuidado ni empatía. De hecho, este pasaje nos recuerda que el narcisismo del clero no es un fenómeno nuevo.

Los líderes narcisistas muestran una constelación de características preocupantes. A lo largo de este capítulo, veremos las características

---

[81] William N. Grosch, "Narcissism: Shame, Rage and Addiction", *Psychiatric Quarterly* 65, no. 1 (1994): 49.

[82] Para estadísticas, consulte Pastoral Care Inc. Staff, "Pastoral Addictions: Do Pastors Struggle with Addictions", consultado el 11 de agosto de 2019, www.pastoral careinc.com/pastoral-addictions/.

[83] Christopher Lasch, *La cultura del narcisismo* (Barcelona: Editorial Andrés Bello, 1999), 115.

comúnmente identificadas del liderazgo pastoral narcisista. Aunque no son exhaustivas, pintan un cuadro preciso. Y aunque un pastor narcisista puede no encajar en todos los criterios, en la mayoría de los casos observo muchas de las características que exploraremos en líderes con trastorno de personalidad narcisista (TPN). En su útil libro *How to Treat a Staff Infection: Resolving Problems in your Church or Ministry*, Craig y Carolyn Williford identifican seis características principales:

1. Todas las decisiones se centran en ellos.
2. Impaciencia o falta de capacidad para escuchar a los demás.
3. Delegar sin dar la autoridad adecuada o con demasiados límites.
4. Sentimientos de derecho.
5. Sentirse amenazado o intimidado por otros empleados con talento.
6. Necesidad de ser el mejor y el más brillante del lugar.[84]

Aunque su lista es bastante útil, he identificado cuatro características adicionales que también exploraremos:

1. Inconsistencia e impulsividad.
2. Elogios y retraimiento.
3. Intimidación de otros.
4. Vulnerabilidad fingida.

Veamos cada uno de estos puntos con más detalle.

TODAS LAS DECISIONES SE CENTRAN EN ELLOS

Eugene Peterson cuenta la historia de cómo solicitó un año sabático.[85] No solo lo consiguió, sino que la iglesia estaba bien sin él. Se desconectó y descansó. Ellos continuaron adorando y sirviendo. Peterson no

[84] Craig y Carolyn Williford, *How to Treat a Staff Infection: Resolving Problems in Your Church or Ministry* (Grand Rapids: Baker, 2006), 104-10.

[85] Relatado en Eugene Peterson, *Under the Unpredictable Plant: An Exploration in Vocational Holiness* (Grand Rapids: Eerdmans, 1992).

se comunicaba cada pocos días para asegurarse de que no se recortara el presupuesto o para examinar a los predicadores sustitutos o para averiguar si la gente asistía. Se apartó. De hecho, se sentía lo suficientemente seguro como para apartarse, capaz de empoderar a su gente para que liderara en su ausencia.

Un pastor narcisista no puede apartarse. De hecho, en su mente él es esencial en cada decisión. Aunque puede hablar de una visión que empodera a los laicos y al equipo, sus acciones dicen lo contrario. A diferencia del apóstol Pablo, que entrenó y comisionó a otros para viajar, predicar y pastorear en su nombre, el pastor narcisista no puede renunciar al control. Su inseguridad oculta se manifiesta en un liderazgo ansioso e hipervigilante en el que las reuniones o decisiones importantes no pueden tener lugar sin su bendición o presencia. A menudo organiza las estructuras de liderazgo y la política de tal manera que protege su autoridad en todos los niveles de la toma de decisiones.

Cuando una gran iglesia suburbana inició un proyecto de construcción de diez millones de dólares, el pastor principal, Chet, designó a su pastor ejecutivo, Randy, como gerente del proyecto. Pero, como pronto supe mientras asesoraba a Randy, no era más que un chico de los recados o, tal vez, los ojos y oídos del pastor para que pudiera mantener el control. Esto llegó a un punto de ruptura cuando Chet se desató sobre su pastor ejecutivo en un ataque de ira después de que se hubiera tomado una decisión sobre la alfombra del nuevo santuario. Aunque Randy contaba con un equipo de diseñadores cualificados y asesores laicos con talento que tomaron la decisión, Chet exigió un cambio, desanimando a los encargados del diseño. Un líder laico de más edad que idolatraba a Chet dijo: «Tenemos que confiar en sus decisiones. Después de todo, él sigue al Señor muy de cerca». De hecho, la supuesta autoridad espiritual del pastor se cita o invoca a menudo para defender su derecho a decidir.

IMPACIENCIA O FALTA DE CAPACIDAD PARA ESCUCHAR A LOS DEMÁS

Los pastores narcisistas suelen ser impacientes con los procesos y, por tanto, con las personas. Con la sensación de que "debería haber sucedido ayer", su liderazgo puede ser duro y brutal, como lo describió el pro-feta, especialmente con aquellos a los que está llamado a pastorear. Si un equipo de trabajo no se apresura a aceptar una nueva idea, o si un miembro del personal no le responde de inmediato después de enviar un mensaje de texto, puede ser rápido en el ataque. Al final, su impa-ciencia revela una falta de empatía. En su realidad autorreferencial, los demás son una mera herramienta.

Además, como ignora sus propias limitaciones, se muestra impa-ciente con las limitaciones de los demás. Como utiliza a las personas para apuntalar su autoridad y poder (ocultando así sus propias limita-ciones), la falta de respuesta rápida o afirmativa de los demás es una amenaza para su sentido de competencia y control. El pastor narcisista ve a los demás como una extensión de su propio ego y es incapaz de res-ponder con curiosidad, empatía o compasión, en parte porque no tiene ninguna para sí mismo.

Sin embargo, con esto, el pastor narcisista volverá a narrar su propia impaciencia como decisión, y rechazará las acusaciones de falta de empa-tía con sus propias acusaciones sobre miembros del equipo "débiles" o "egoístas" que no son buenos "jugadores en equipo". Incapaz de aceptar la responsabilidad, siempre tiene una opinión sobre los demás que los degrada y deshumaniza. Los miembros del personal que se marchan casi siempre estarán sujetos a la narrativa sesgada del pastor narcisista que privilegia su perspectiva especial.

Cuando un viernes por la tarde un pastor principal encargó a algu-nos miembros del equipo el trabajo de diseñar atractivas presentacio-nes visuales del nuevo presupuesto para la reunión congregacional del domingo, respondieron simultáneamente con miradas de abatimiento y exasperación. El pastor, tan poco empático como de costumbre, les dio una charla sobre la "misión" y les recordó que tenía que predicar, realizar dos bautismos y dirigir la reunión del domingo. Cedieron. Pero entonces una serie de circunstancias vitales impidieron que dos de los tres se involucraran en el proyecto. Al quedarse sola, la única diseña-dora de la exposición entró en pánico y le envió un mensaje de texto al pastor para decirle que lo sentía, que las imágenes no estarían listas a tiempo. Sorprendentemente, pareció comprenderlo. Y, sin embargo, el domingo, cuando subió para presentar el nuevo presupuesto, sonrió y declaró en un tono pasivo-agresivo: «Desafortunadamente, Jan, Melanie y Jeff eran los responsables de diseñar los elementos visuales, pero no hicieron el trabajo». Haciéndoles un guiño, añadió: «Quizás sepamos de dónde vendrán los recortes presupuestarios este año». Su crítica pública dejó al equipo ansioso, confundido y avergonzado.

DELEGAR SIN OTORGAR LA AUTORIDAD ADECUADA O CON DEMASIADOS LÍMITES

Cuando Jill fue contratada para su primer desempeño pastoral "real", como ella lo llamó, estaba encantada. Anteriormente, había desempeñado funciones no ordenadas en contextos eclesiales complementaristas, pero ahora, en un entorno igualitarista, se sentía libre para utilizar toda su gama de dones con un nuevo sentido de autoridad. Reggie, el pastor principal y firme defensor de las mujeres en el ministerio, la contrató con grandes promesas, pero con una descripción del puesto que carecía de especificidad. Él lo describió como «libertad para vivir su vocación sin obstáculos». Pero, como pronto descubriría, sí que tenía obstáculos.

Al cabo de un mes, se sintió abrumada por la gran cantidad de cosas que tenía que hacer. Empezó a sentirse como una secretaria glorificada. Un compañero de trabajo incluso empezó a llamarla "Reverenda secretaria", un comentario cínico nacido de sus propias experiencias negativas con Reggie, pero igualmente condescendiente y degradante para su nueva colega. Cuando Jill pedía oportunidades para predicar, dirigir o formar, Reggie siempre decía: «Ya llegará». Pero, inevitablemente, se le encomendaba la tarea de organizar una clase que él impartiría; ella debía ir al supermercado a comprar aperitivos y llegar temprano para preparar la sala. Cuando finalmente llamó la atención a Reggie por su ambiguo papel, él dijo: «Para eso te contraté. ¿Vas a ponerte a lloriquear?».

Muchos pastores narcisistas tienen poca capacidad para empoderar a los demás de manera significativa. Mantienen al personal en roles ambiguos, quizás cambiando los títulos a menudo o realineando las estructuras. Esto es confuso y desmoralizador para los miembros del equipo que trabajan duro. La mayoría de las organizaciones narcisistas son ferozmente jerárquicas, y los miembros del equipo son vistos como claros subordinados. Al final, el pastor narcisista puede ver el empoderamiento como una amenaza a su control y autoridad. Puede ser perfeccionista e incapaz de confiar en que otro cumpla una tarea a la altura de sus estándares. Puede aparentar delegar autoridad sin concederla realmente. Agotado y exasperado, el personal desautorizado y desmoralizado aprende con el tiempo a dejar de preguntar.

SENTIMIENTOS DE DERECHO

El poder, el privilegio y el derecho se expresan de manera tóxica por parte de pastores narcisistas. Esto puede ser especialmente peligroso cuando el narcisista tiene el poder espiritual de un cargo eclesiástico. De hecho, puede ser menos cuestionado que un director general o un político debido a un sentido espiritual de derecho, al verse a sí mismo como alguien que está «trabajando para el Señor» (Col 3:23, PDT). La autoridad eclesiástica incita a los seguidores a una santa deferencia hacia su vocación y función.

Un joven pastor se mudó a un barrio grande del centro de la ciudad para fundar una iglesia. Fue la estrella en el centro de evaluación, y junto a su bella esposa a menudo se lo llamaba el futuro "rostro" de su denominación. El proceso de evaluación no se percató de su narcisismo, a pesar de que su esposa informó que él se sentía con derecho a tener relaciones sexuales a diario y que sentía que Dios le debía el éxito en la ciudad después de trabajar en su primer llamado en un papel como pastor asociado "mucho menos glamoroso". De hecho, el comité de plantación de iglesias ignoró importantes señales de alarma porque este joven había sido prácticamente consagrado por un gran nombre, un padre espiritual de éxito de la denominación.

En sus primeros meses viviendo en la ciudad, recaudó 250 000 dólares, estableciendo rápidamente un presupuesto con una categoría para "gastos generales de plantación de iglesias". De esta gran categoría general, tomó 25 000 dólares para un pago inicial para una vivienda, utilizó 2200 dólares en un nuevo armario para sí mismo, gastó casi 1000 dólares en el alquiler de un caro descapotable durante cinco días para ir a una conferencia de plantadores de iglesias, abasteció el bar de su casa para "hospitalidad" y puso dinero en un costoso procedimiento dental para enderezar y blanquear sus dientes. Aun así, el asesor principal asignado para supervisar la plantación a nivel local se tragó su mentira de que el veterano líder confesional no veía ningún problema con estas cosas.

He visto manifestaciones de derecho de amplio alcance. He visto pastores principales con grandes oficinas con sofás de cuero y muebles hechos a medida. Algunos se sienten con derecho a disposiciones financieras especiales: pagos iniciales de viviendas, cuentas de gastos ilimitadas, exorbitantes vacaciones pagadas y, en algunos casos muy publicitados, segundas y terceras viviendas, aviones e incluso yates. Un pastor alquiló un apartamento separado para sus frecuentes encuentros extramatrimoniales. Sienten que no se les aplican las limitaciones normales: beber y comer en exceso y justificar las adicciones a la pornografía o al sexo pagado. Como me dijo un pastor después de ser sorprendido en una aventura: «Sentí que, como le había dado tanto a Dios, no tenía las limitaciones que él exigía a los demás». Otro dijo: «En el fondo, lidiaba con tanta vergüenza y constricción interior que mis adicciones externas me daban al menos una sensación de ilimitación».

Sin embargo, los pastores con derecho a todo reaccionan con agresividad cuando se sienten desafiados. Incluso el más mínimo pinchazo de desafío o preocupación de otro conduce a una actitud defensiva y a las estrategias de autoprotección. Debido a que las cosas a las que se siente con derecho se convierten en extensiones de su ego, la amenaza de pérdida externa se siente de una manera profundamente personal.

SENTIRSE AMENAZADO O INTIMIDADO POR OTROS EMPLEADOS CON TALENTO

Los líderes narcisistas son notoriamente inseguros. Aunque proyectan confianza hacia el exterior, enmascaran el miedo a que todo se derrumbe, a que se los descubra como incapaces o fracasados, a quedar expuestos como deficientes. Aunque exhiban rasgos típicamente grandiosos y omnipotentes, los líderes narcisistas suelen ser hipervigilantes. Incapaces de confiar en nadie, fingen conexión para atraer seguidores. Sin embargo, siempre están atentos a la deslealtad y, cuando la encuentran, la castigan severamente. Pueden usar su poder para amenazar a otros advirtiéndoles que serán incluidos en una lista negra, que perderán su sustento, que perderán influencia dentro del sistema o que se revelarán secretos conocidos por el líder. Como dice Langberg, «es una farsa gravosa: no pueden alimentar a las ovejas, se alimentan de ellas».[86]

Un pastor narcisista solía utilizar la frase: «Conoce tu lugar en el organigrama». Mientras que él cortejaba a los miembros del personal para que se pusieran de su lado confiándoles sus secretos, compartiendo información confidencial o invitándolos a comer y beber suntuosamente, cualquier signo de deslealtad o cualquier indicio de avance que pudiera socavar su autoridad o su imagen daría lugar a un encuentro feroz y directo. Uno de sus jóvenes y talentosos pastores de jóvenes recibió una ovación de pie después de su primer sermón público, lo que llevó rápidamente al pastor narcisista a retirarlo del programa de predicación durante el resto del año. Dos años después, el miembro del personal fue despedido. El pastor de jóvenes quedó tan traumatizado que dejó el ministerio por completo y ahora trabaja como barista.

NECESIDAD DE SER EL MEJOR Y EL MÁS BRILLANTE DEL LUGAR

A diferencia de otras profesiones en las que prevalece el narcisismo, los pastores narcisistas caminan por la delgada línea de la omnipotencia y la humildad fingida. Quiere que usted vea que es el mejor y el más brillante, pero también que piense que es un humilde siervo del Señor.

---

[86] Langberg, "Narcissism and the Systems It Breeds".

Habla de justicia, de fidelidad, de humildad, pero anhela ser el centro de atención (el lugar donde se afirma su necesidad de ser especial).

Esto no significa necesariamente que tenga la mejor educación (o la más completa). El pastor narcisista no necesita la mejor educación porque es autodidacta, está rodeado de libros (algunos son suyos, y están expuestos en un lugar destacado) y se enorgullece de recordarte su visión única, la brillante constelación de iglesias fundadas, el plan genial que ha implementado. Cuando habla de sus contribuciones únicas, hay un toque de condescendencia hacia otras iglesias que, en su alta estima, "carecen de visión" o "no tienen el talento que tenemos nosotros". Por supuesto, está hablando de su talento.

Su necesidad de ser especial y grandioso se ve reafirmada por su "talentoso" equipo, que se queda si vive al servicio de su ego y se va, a menudo de forma desordenada, si no lo hace. Recuerdo a un joven miembro del personal que estaba emocionado por haber sido contratado por un "héroe" suyo, un popular plantador de iglesias que lo acogió reafirmando sus habilidades, le permitió investigar para sus sermones y libros y, finalmente, le dio una sede para dirigir. Pero el joven pastor cometió un error temido: sugirió, aunque con modestia y vacilación, que su iglesia podría prosperar mejor por sí sola, desconectada del centro de múltiples sedes. El pastor replicó: «¡No eras nadie antes de que te contratara!». El joven pastor fue rápidamente apartado del círculo de líderes y aislado del pastor principal.

El pastor narcisista es el único que puede ocupar el centro de atención. Incluso si públicamente afirma a alguien, es en servicio de su don excepcional para contratar talento o su brillante visión para la iglesia.

INCONSISTENCIA E IMPULSIVIDAD

La inconsistencia y la impulsividad podrían ser dos categorías separadas, pero casi siempre las he visto operar juntas en sistemas narcisistas y entre pastores narcisistas. Aunque a los pastores narcisistas les encantan los proyectos y programas de éxito visible, a menudo son mejores imaginando y comenzando nuevos proyectos que manteniéndolos. En una gran iglesia con múltiples sedes, el pastor principal afirmaba que le habían dado una visión para el año eclesiástico apenas unas semanas antes del lanzamiento previsto, lo que provocaba un frenesí entre los administradores, los pastores de las sedes, el equipo de comunicaciones y otro personal de apoyo que se esperaba que lo ejecutaran sin pestañear. Al mismo tiempo, hacían malabarismos con sus otros proyectos, también inspirados y encargados por el pastor principal, lo que les suponía largas horas de trabajo y agotamiento. En medio de todo esto, había una ansiedad anticipatoria interminable que se sentía en todo el equipo y que una persona me describió como «esa sensación inevitable de que recibirás un correo electrónico o una reunión de equipo sorpresa anunciando su próxima gran cosa justo cuando pensabas que por fin estabas progresando en su última gran cosa».

Para el equipo, esto puede parecer como trabajar en medio de un huracán. El pastor puede explicar la vertiginosa variedad de ideas y visiones como "creatividad" o "pasión", pero un pastor que no ve el impacto de sus vientos huracanados en el personal encontrará rápidamente un equipo cansado y abrumado. De hecho, algunos pueden ser despedidos por no seguir el ritmo.

Una razón de este fenómeno es que el pastor narcisista debe vivir en un estado constante de inflación del ego. El largo y duro trabajo de construir una cosa viene acompañado de muchas decepciones y, por lo tanto, es intrínsecamente desinflador del ego. Proponer y poner en marcha múltiples cosas permite al pastor narcisista recibir todos los elogios por los éxitos y culpar al "personal incompetente" de los fracasos.

Jen era pastora de una iglesia urbana comprometida con la justicia y el activismo. Su feroz compromiso con la justicia llamó la atención, y era una presencia perpetua en las redes sociales promocionando su trabajo. Mientras que era adorada por los que estaban fuera de la iglesia, el personal y los laicos dentro de la misma luchaban por seguir el ritmo de sus frecuentes vacilaciones. Pasaba de una causa de alta prioridad a otra en un abrir y cerrar de ojos. Cuando lo hacía, inevitablemente tenía una narrativa sobre la causa anterior que había abandonado: que sus líderes eran incompetentes o que "no lo entendían". El equipo, que se sentía confundido o exasperado, era avergonzado por no ser lo suficientemente valiente o comprometido. La rotación del personal se atribuía a la inmadurez, y como muchos la veían como especialmente profética y valiente, Jen no era considerada responsable de su frenético liderazgo.

ELOGIOS Y RETRAIMIENTO

En medio del huracán, aquellos que se encuentran en el campo de escombros narcisista experimentarán una vacilación confusa entre el elogio y el retraimiento. La soldado leal que se agacha y hace lo que le pide el pastor narcisista seguramente recibirá elogios; ella es una extensión de su ego, por lo que los elogios son en su mayoría egocéntricos. Sin embargo, para un miembro del equipo inseguro, que se pregunta cuál es su lugar en el sistema, los elogios pueden resultar tranquilizadores. Además, este tipo de relación narcisista tiene una especie de naturaleza recíproca que se refuerza mutuamente. El narcisismo vulnerable de un subordinado, que está sumido en la vergüenza y la inseguridad, puede verse reforzado por el narcisismo grandilocuente del pastor principal.[87]

Jill era una líder comprometida de un grupo comunitario en su gran iglesia suburbana. Se sintió atraída por la iglesia debido a la "articulación segura del evangelio" del pastor principal Jim. Más tarde se dio cuenta de que su propia historia de abuso la convertía en la candidata perfecta para ser atraída al ciclo de alabanza y abandono del pastor. Su mal matrimonio, junto con su baja autoestima, la llevaron a buscar la aprobación y los elogios de Jim. Con ello, trabajó cada vez más duro para liderar bien y ser voluntaria, y finalmente recibió una invitación para unirse al personal. En ese momento, sentía que tenía una relación especial con Jim, incluso una relación privilegiada que el resto del equipo no experimentaba.

---

[87] Véase Aaron L. Pincus y Michael J. Roche, "Narcissistic Grandiosity and Narcissistic Vulnerability", en *The Handbook of Narcissism and Narcissistic Personality Disorder: Theoretical Approaches, Empirical Findings, and Treatments*, editado por W. Keith Campbell y Joshua D. Miller (Hoboken, NJ: Wiley and Sons, 2011).

Por eso, cuando se arriesgó a rechazar una idea que Jim tuvo en una reunión de personal, no previó las consecuencias. Durante los días y semanas siguientes, Jim no se dirigió a ella, no la miró ni respondió a sus correos electrónicos o mensajes de voz. Preocupada por su relación y sintiendo que había hecho algo mal, volvió a su antiguo patrón y halagó su ego en una reunión de equipo. Jim, resiliente, le devolvió el elogio y volvió a incluirla. Solo años después, en terapia, descubrió la relación narcisista que se reforzaba mutuamente.

INTIMIDACIÓN DE OTROS

Algunos pastores narcisistas son intimidadores y acosadores que utilizan su poder para ejercer control. Durante más de quince años de plantación de iglesias, Trey reclutó a competentes y capaces miembros del personal de otras iglesias que estaban encantados, al menos desde la distancia, con la poderosa presencia de Trey y de su innovador ministerio en un moderno centro de la ciudad. Pero pronto aprendieron que solo una persona en el sistema tenía voz y voto: Trey. Los leales, en su mayoría por miedo, se convirtieron en feroces perros guardianes de Trey, lo que les dio cierta protección contra su duro y crítico acoso. Se reían de sus bromas, que a menudo iban en detrimento de otros miembros del equipo menos leales o de supuestos competidores del ministerio. La confianza desmesurada de Trey a veces confundía al personal sobre lo que estaba bien y lo que estaba mal; esto llevó a que un miembro del personal dijera: «Durante un tiempo, pensé que era tan recto, incluso inspirado por Dios, porque nunca había visto a un humano encarnar tanta certeza sobre asuntos de Dios». Con el tiempo, muchos miembros competentes del equipo se marcharon, algunos abandonando el ministerio por completo, a menudo traumatizados y necesitados de asesoramiento clínico para dar sentido a sus experiencias.

En muchas iglesias con las que he trabajado —de diferentes denominaciones, redes, posiciones teológicas y más—, pareciera que las tácticas de intimidación comparten características comunes. Algunas son más contundentes y directas; otras son pasivo-agresivas e indirectas.

Independientemente del método, quienes las sufren terminan sintiéndose desgastados y desmoralizados ante la intimidación constante y repetida. Algunos optarán por ceder, otros intentarán resistir, pero con demasiada frecuencia, el pastor narcisista se sale con la suya.

El pastor narcisista puede intimidar de manera directa con condescendencia, amenazas de despido, largas miradas fijas en una reunión de equipo, comentarios mordaces sobre la ética de trabajo o la apariencia de alguien, o mediante la destitución de alguien de un puesto clave o de un papel de liderazgo visible. Los intimidadores acosadores suelen liderar en contextos con poca responsabilidad eclesial, donde ejercen una autoridad casi exclusiva. He visto a menudo a acosadores en contextos no confesionales, y muchos son los fundadores, plantadores y empresarios que protegen sus iglesias y organizaciones como extensiones de su ego narcisista. Pueden pronunciar comentarios descarados como: «Puedo hacer lo que quiera» o «Si mañana se enteraran de que tengo una aventura, seguiría teniendo trabajo». Desfilan con su poder ante el equipo y los feligreses (normalmente) sumisos, que se alimentan de la confianza ególatra del líder.

En entornos más estructurados y responsables, se requiere una forma de intimidación más sutil, pero tóxica. La intimidación indirecta a menudo se produce a través del aislamiento. Si usted se cruza con este tipo de líder, se encontrará al margen, preguntándose por su futuro. Puede que no haga nada que se pueda señalar, de forma tangible, como un descenso de categoría o un cambio de función, pero se asegurará de que sienta su decepción. A veces, la intimidación se produce a través de la triangulación. Al ignorarlo, el líder atraerá a sus compañeros, congraciándose con ellos a través de su aprobación y atención, mientras siembra semillas de desconfianza hacia usted. Con demasiada frecuencia, estos líderes son capaces de crear competencia o comparación dentro del sistema, enfrentando a unos contra otros, o compartiendo de forma selectiva e inapropiada las críticas de algunos dentro del sistema hacia otros. Estas pueden ser formas enloquecedoras de manipulación psicológica que exasperan a la víctima de la intimidación, lo que a menudo conduce a formas reactivas de autosabotaje, que dan al líder motivos para la degradación o el despido.

VULNERABILIDAD FINGIDA

Hace veinticinco años, cuando recién estaba empezando, la vulnerabilidad no tenía un gran valor. Las cosas han cambiado. Pero con un mayor valor de la transparencia, la autenticidad y la vulnerabilidad en la iglesia, hay una "contracara" oscura de la que debemos ser conscientes, un fenómeno que yo llamo *vulnerabilidad fingida*.[88] Y esta puede ser la revelación más reciente de la mordedura pastoral del narcisismo.[89]

Hace poco escuché el sermón final de un pastor cuya aventura se descubrió la semana siguiente a ese sermón, y que se suicidó poco después. A lo largo del discurso se escuchaban frases como «Todos estamos destrozados y necesitamos el evangelio» y «Soy un desastre como tú», junto con comentarios sobre el poder de Dios para transformar nuestras heridas como lo había hecho con este pastor. Imagínese la conmoción y la sensación de traición cuando la congregación se enteró de su relación sexual de un año con una admiradora, a la que había conocido mientras hablaba en una conferencia. Al descubrimiento lo siguieron días en los que su esposa fue acusada de "abandonarlo emocionalmente". Al final, su falso yo destrozado y narcisista lo llevó a la trágica conclusión de que si ese yo desaparecía, él también debía hacerlo. Y así, actuó con base en esta creencia y puso fin a su vida de forma violenta. El odio a sí mismo fue evidente en su último acto.

La vulnerabilidad fingida es una forma retorcida de vulnerabilidad. Tiene la apariencia de transparencia, pero solo sirve para ocultar las luchas más profundas que uno tiene. Un marido puede hablar en general de su pecaminosidad, pero ignorar una adicción significativa a la pornografía. Un pastor puede compartir vagas referencias a su batalla contra la lujuria, pero estar encubriendo una aventura emocional o

---

[88]   N. del E.: el autor acuña aquí el neologismo *fauxnerability* (*faux* [falsa] + *vulnerability* [vulnerabilidad]).

[89]   El material de esta sección está adaptado de Chuck DeGroat, "Fauxnerability in the Church: What Is It? What Do We Do About It?", *Becoming Yourself* (blog), 11 de junio de 2018, https://chuckdegroat.net/2018/06/11/fauxnerability-in-the-church-what-is-it-what-do-we-do-about-it/.

sexual. En un escenario en el que estuve involucrado, un pastor influyente, cuya esposa lo abandonó, fue compartiendo con su congregación que sus muchos "pecados recurrentes" contribuyeron al dolor matrimonial. Empezó a compartir su historia con cualquier oyente, hablando de su quebrantamiento y pecado de una manera aparentemente arrepentida, preparando a sus oyentes para la empatía y la confianza. Cuando los tuvo en sus garras, lanzó golpes aparentemente inocentes, pero calculados a su esposa por su impaciencia con él, por su ira furiosa, por su falta de perdón. Con el tiempo, la gente empezó a verlo como la víctima.

Aquellos que son falsamente vulnerables, por así decirlo, pueden parecer psicológicamente sofisticados. Pueden conocer su tipo en el eneagrama, el indicador Myers-Briggs, Strengthsfinder o DISC. Algunos incluso van a terapia, a menudo con terapeutas que colaboran simplemente puliendo su falso yo narcisista. Esto puede dificultar la distinción entre vulnerabilidad y vulnerabilidad fingida. He aquí algunas distinciones a tener en cuenta:

- *Contradicciones.* Las personas falsamente vulnerables no son coherentes en su carácter.
- *Revelaciones que se centran en el pasado.* «Luché contra la pornografía» o «Yo era un desastre». Esto no es vulnerabilidad. La vulnerabilidad consiste en mostrarse valientemente en el *momento presente* con la forma en la que actualmente se está afectando a alguien o experimentando la vida interior.
- *Falsas vulnerabilidades escenificadas.* Un pastor o líder falsamente vulnerable puede evocar lágrimas a voluntad en el escenario, pero mostrar poca empatía o preocupación cara a cara.
- *Mentalidad de víctima.* El pastor falsamente vulnerable puede culpar a su personal, a un mal sistema o a un cónyuge necesitado.
- *Falta de curiosidad.* Las personas vulnerables son curiosas. Las personas falsamente vulnerables son defensivas y reactivas.
- *Compartir en exceso.* Un desahogo emocional no es necesariamente un acto de vulnerabilidad; de hecho, puede ser una forma de usarte para generar simpatía o para que tomes su partido.
- *Autorreferencia.* Su vulnerabilidad fingida está al servicio de su ego, no es una expresión de reciprocidad ni de conexión.

¿QUÉ SUCEDE A PARTIR DE AQUÍ?

Con demasiada frecuencia, los pastores narcisistas son recompensados por su carisma. Los feligreses no siempre tienen categorías para lo que pueden percibir desde fuera como inconsistencias ocasionales, dramas frustrantes, rumores preocupantes o comportamientos arrogantes. Perdonarán estas cosas por los sermones poderosos, el éxito persistente y la autoridad percibida. A menudo se remitirán a la personalidad espiritual del narcisista en lugar de a su verdadero carácter. Y como los líderes narcisistas parecen tan seguros y confiados, se tiende a creerles. Esto es especialmente cierto en el caso de los pastores famosos, cuyo éxito en seguidores, libros e influencia se interpreta como una bendición de Dios. Los acusadores pueden ser vistos (y narrados) como quejumbrosos, vengativos y celosos.

A menudo, no existen vías eclesiales claras para hacer frente al narcisismo. Como en cada uno de los casos de este capítulo, no es raro que no solo se pase por alto que un pastor sea diagnósticamente narcisista, sino que incluso se lo premie por ello. Para aquellos heridos por un pastor narcisista, los caminos hacia la justicia pueden ser pocos. Muchas víctimas necesitan permanecer en silencio para mantener un trabajo o conseguir uno en el futuro. Algunos son expulsados del ministerio. Lamentablemente, los sistemas de rendición de cuentas pueden ser cómplices o ingenuos.

Los diez descriptores de este capítulo solo son el comienzo de la conversación. Aunque estas características generales ponen palabras a los patrones que vemos muchos de los que estudiamos el narcisismo pastoral, el narcisismo tiene muchos rostros y su mordedura es única para cada víctima. Muchos de los que lean estas descripciones darán fe de su realidad, pero la simple identificación de una experiencia no equivale a la curación. Hará bien usted en preguntar: ¿qué hago? ¿Y ahora qué?

Mis propias experiencias de abuso narcisista me han hecho sentir pequeño, impotente, aterrorizado, trastornado, exasperado, enfurecido y avergonzado. Si usted lo ha experimentado, ha sufrido un trauma. No lo atribuya a una "mala experiencia". Nómbrelo como un trauma que afecta a todos y cada uno de los aspectos de su existencia. Esto no es una admisión de debilidad, sino una confesión honesta. En su debilidad y vulnerabilidad hay una oportunidad para la curación.

Ser herido por un pastor narcisista es un trauma particularmente doloroso. El clero desempeña un papel excepcionalmente poderoso en nuestras vidas, y una experiencia de abuso (en cualquier forma) por parte de un pastor, sacerdote o autoridad eclesiástica supone una profunda violación de la confianza. Algunos evitarán reconocer este trauma durante meses o años por deferencia a una autoridad espiritual, cuestionando su propia experiencia todo el tiempo. Otros pueden reconocerlo, pero se atormentan con rabia y evitan el trabajo de curación.

Comenzamos este capítulo con unas palabras del profeta Ezequiel, que nos recuerda que los pastores pueden ser duros y brutales. Aunque resulta especialmente desconcertante descubrir esto en un sacerdote de confianza, un rabino querido, un respetado ministro local o un pastor famoso e influyente, es crucial que los afectados se tomen en serio la agresión y atiendan el trauma. Para el lector cuya experiencia con este capítulo sea un despertar a una realidad vivida, es hora de compartir su historia con un terapeuta maduro y experto en el tratamiento de los traumas. Para aquellos que ven que esto se está desarrollando de manera activa en la vida de una iglesia en este momento, el mejor curso de acción es comenzar por abordar su propia salud en una relación terapéutica segura donde, con sabiduría y cuidado, pueda reflexionar sobre la mejor manera de abordar los patrones que está viendo en su pastor y en su iglesia.

RECURSOS ADICIONALES

Steve Cuss. *Managing Leadership Anxiety: Yours and Theirs*. Nashville: Thomas Nelson, 2019.

Chuck DeGroat. *Las personas más difíciles de amar: Cómo entender, guiar y amar a las personas difíciles que hay en su vida, incluido usted mismo*. Miramar, FL: Editorial Patmos, 2016.

Stanley Grenz y Roy Bell. *Betrayal of Trust: Confronting and Preventing Clergy Sexual Misconduct*. Grand Rapids: Baker, 1995.

CAPÍTULO 5

LA VIDA ÍNTIMA DE UN PASTOR NARCISISTA

Con mucha frecuencia, el niño herido crece y se convierte en un hombre que hiere, infligiendo a sus seres más cercanos la misma angustia que se niega a reconocer en sí mismo.
Terrence Real

Casi todos los padres experimentan ese momento encantador en el que un niño dice: «Mamá, papá, mi sombra me está siguiendo». Recuerdo a mi hija Maggie, que tendría dos o tres años, bailando por nuestra entrada bajo el brillante sol de Florida y viendo cómo su sombra bailaba a su lado.

Pero la danza de las sombras no es solo cosa de la infancia. Casi todo el mundo (y todas las iglesias u organizaciones) que busca crecer se enfrenta a ese momento aterrador en el que nos damos cuenta de que nuestra sombra nunca nos abandona. Podemos ignorarla, negarla o reprimirla, pero solo durante un tiempo. Para crecer, no debemos apartarnos de ella, sino dirigirnos a ella, aprender de ella, llorar a través de ella e incluso reclamar sus muchos tesoros. Como escribe tan elocuentemente el poeta Rilke: «Quizá todos los dragones de nuestra vida sean princesas que solo esperan vernos una vez hermosos y valientes. Quizá todo lo horrible, en el fondo, sea solo una forma de desamparo que solicita nuestra ayuda».[90]

---

[90] Rainer Maria Rilke, *Cartas a un joven poeta* (Ciudad de México: Fundación Carlos Slim, s. f.), 28. Para una edición tradicional, véase *Cartas a un joven poeta*, trad. José María Valverde (Madrid: Alianza, 2023).

En términos psicológicos, la idea de la sombra comenzó con el gran Carl Jung (1875–1961), cuya psicología de la "profundidad" nos despierta a portales internos que nos negamos a ver. Nuestra vergüenza oculta, nuestras motivaciones secretas, nuestra ira silenciosa, nuestros temores agobiantes, nuestras pasiones feroces, mucho de esto se mantiene cuidadosamente escondido, y así es como nos gusta que esté. En mi libro *Las personas más difíciles de amar*, introduzco el concepto de Robert Bly de la bolsa larga e invisible que arrastramos detrás de nosotros: un contenedor para todo lo que nos negamos a aceptar de nosotros mismos. Dije que la tarea de crecer implica abrir la bolsa invisible, lo que puede ser aterrador y maravilloso a la vez.

Abrí por primera vez mi bolsa larga e invisible hace más de veinte años. Cada semana me sentaba con mi terapeuta y exploraba el contenido de esa bolsa. Podía hacerlo porque él era un lugar de seguridad. De alguna manera, creó lo que los psicólogos llaman "entorno de contención", en el que mi vergüenza, miedo, ira y otras emociones profundas podían salir a la luz. Es una experiencia que damos por sentada: la seguridad permite que nuestras resistencias se relajen, que nuestros corazones se vuelvan tiernos, que nuestra vulnerabilidad encuentre un hogar.

Los narcisistas no sienten que el mundo sea seguro. Puede que no lo digan en voz alta, pero esta es su experiencia interior. Mientras que todos utilizamos estrategias de autoprotección, la danza de las sombras de un narcisista es una danza de evitación radical de cualquier cosa que amenace su grandiosidad, su control, su certeza. Y aunque el narcisista vive a la defensiva, amenazado por cualquiera que pueda ser un rival o que se muestre dispuesto a mantener una posición de superioridad en cada relación, en realidad lo que más lo amenaza es lo que lleva oculto en su interior. En el fondo, es un niño asustado. Y, sin embargo, parece enfadado y controlador cuando la represión de la vergüenza y la rabia que lleva dentro se revela involuntariamente, volviéndose contra los demás y contra un mundo que lo amenaza.

Terrence Real escribe: «Con mucha frecuencia, el niño herido crece y se convierte en un hombre que hiere, infligiendo a sus seres más cercanos la misma angustia que se niega a reconocer en sí mismo».[91] Cuando trabajo con mujeres y hombres narcisistas, siento una profunda curiosidad. ¿Cómo fue herido? ¿Quién le hizo daño? ¿Qué mensajes recibió en sus primeros años? ¿Cuál es su narrativa interior sobre sí mismo?

Y la mayoría de las veces, veo una sombra que se cierne sobre él. Veo una bolsa larga e invisible que se extiende por kilómetros detrás de él. Veo un dolor profundo, tan ancho y vasto como la distancia entre la ira y la vergüenza.

VERGÜENZA E IRA EN EL PASTOR NARCISISTA

Una y otra vez, veo a pastores narcisistas pasar de la vergüenza a la ira y viceversa, un patrón predecible de exposición y defensa, de vulnerabilidad y autoprotección. Y, lamentablemente, aunque el lado oscuro conlleva un dolor incalculable, a menudo se ignora, manifestándose en altos niveles de autoprotección defensiva y airada.

Sin duda, hay momentos en los que llego a percibir un destello de ternura en un pastor narcisista. En nuestro trabajo, puede entreabrir ligeramente la cortina y dejar ver una herida. En un instante poco común de vulnerabilidad, podría admitir lo asustado y abrumado que se siente. A veces, estos momentos me resultan inauténticos o, peor aún, calculados; sin embargo, en otras ocasiones, logro vislumbrar de manera genuina esa esquiva sombra.

Tanner era un hombre alto, de hombros anchos, cabello oscuro y espeso, y mandíbula firme. Su camisa estampada de manga corta le quedaba ajustada, y sus brazos musculosos pedían a gritos que se revelara una serie de tatuajes de colores. Lo había visto en fotos y vídeos de sitios web, pero en persona estaba convencido de que Miguel Ángel lo había esculpido y lo había dejado caer en el siglo XXI. Nos sentamos juntos

---

[91] Terrence Real, *I Don't Want to Talk About It: Overcoming the Secret Legacy of Male Depression* (Nueva York: Scribner, 1998), loc. 225-26, Kindle.

durante tres largas horas; Tanner contestó todo, jugando a largo plazo, sin querer rendirse... hasta que tropezamos con una vulnerabilidad. Tanner se ablandó inmediatamente cuando le pregunté por su hermana pequeña, que murió a la tierna edad de cinco años cuando ella, Tanner y su hermano del medio estaban jugando en la piscina familiar. Las lágrimas brotaron tan rápido que Tanner no pudo secárselas. Susurró las palabras: «Podría haber hecho más. No fue suficiente». Apretó los puños y se frotó los muslos.

Este era el atisbo que anhelaba. Me acerqué lentamente, con la esperanza de que viera lo universal que era esta vieja autocrítica en su historia. Pero llevo haciendo este trabajo el tiempo suficiente como para saber que este atisbo suele ser fugaz. Para muchos, la más mínima exposición activa la amígdala cerebral. Una alerta interior advierte de un peligro inminente, desatando todos los recursos de su sistema de defensa intrapsíquico: *Alerta roja. Alerta roja. Peligro inminente. Preparar armadura. ¡En guardia!* La caballería química se pone en marcha. La adrenalina, la norepinefrina y el cortisol se liberan, marchando a sus posiciones para desatar energía, aumentar la conciencia y proporcionar los recursos para soportar una lucha brutal.

Lo veo ante mí. Sus ojos suaves se vuelven vigilantes. Su mandíbula se tensa. Sus hombros se ensanchan mientras se sienta erguido, a la defensiva. Sus palabras se vuelven directas, severas, seguras. Aunque aparentemente controlado, se puede sentir un torrente furioso en su interior.

La vergüenza da paso a la ira.

Todo lo que hizo falta en el caso de Tanner fue una pregunta que le hice, una pregunta que parecía amenazante: «Tanner, ¿crees que ese mensaje de que "podría haber hecho más, no fue suficiente" sigue vivo en ti hoy?». Por supuesto, sabía que sí. Quería ver si Tanner podía atar cabos, si estaba listo para aprender de su historia. Pero no lo estaba. Sus palabras me sorprendieron: «No uses la muerte de mi hermana para psicoanalizarme, Chuck. Eso está fuera de los límites». Al cerrarme el paso, cerró cualquier posibilidad de una conversación interior honesta. Después de este intercambio, lo perdí. Ni siquiera estaba dispuesto a la respuesta. Con los brazos cruzados, abrió Twitter[92] con un golpe de pulgar en su teléfono, transmitiendo el mensaje claro de que había terminado.

A menos que tomemos conciencia de nuestro inconsciente, la sombra ignorada y todo lo que contiene rige nuestras vidas, reprime la libertad y emerge de forma destructiva en nuestras relaciones con los demás.[93] Puede contener dolor no procesado, culpa y vergüenza profunda, como le sucedió a Tanner. Puede contener un trauma: un episodio de abuso, las cicatrices emocionales de repetidas palizas de un padre, el abandono de una madre. Mientras el narcisista busca el control, está secretamente controlado por una fuerza oscura que no puede vencer. Su autodesprecio puede manifestarse como una ira silenciosa y melancólica o como una ira visceral, pero se manifestará, haciendo daño a aquellos a quienes profesa querer.

Por supuesto, aunque estoy entrenado para notar la dinámica de las sombras en el trabajo del pastor narcisista, los que están en la línea de fuego saben poco o nada al respecto. Todo lo que presencian es el control, la ira, la intimidación, la rabia. En mi investigación cualitativa a lo largo de dos décadas de ministerio, he reunido docenas de historias. Me llama especialmente la atención el tema de la vergüenza y la ira entre los pastores evangélicos famosos de alto perfil, en su mayoría hombres que han escrito libros y tienen plataformas destacadas, que escriben blogs y graban pódcast, mientras están esclavizados por una sombra ignorada. Algunos de estos hombres han experimentado caídas en desgracia muy publicitadas, pero otros siguen siendo bastante activos y adorados. A menudo la gente me dice: «Nunca supe que fuera capaz de eso».

Los miembros de equipo actuales y antiguos bajo pastores narcisistas me escriben con bastante frecuencia con sus historias. A menudo, antes de que el pastor narcisista sea expuesto públicamente, hay años de dolorosos encuentros menores que se encubren. Las historias que

---

[92] *N. del E.*: Twitter cambió su nombre a X en 2023.

[93] Véase Carl Jung, *Modern Man in Search of a Soul* (Nueva York: Martino, 2017).

escucho revelan el miedo de aquellos que han experimentado la ira oculta (y a veces no tan oculta) del pastor narcisista. Por ejemplo:

- «Me llevaron a una sala de ancianos varones, y el pastor principal me desnudó emocionalmente. Me dijo que era insubordinada y que si quería conservar mi trabajo tendría que aceptar una reducción de sueldo y recibir asesoramiento para mis problemas de ira. ¿Mis problemas de ira?».
- «Me pongo en contacto con ustedes porque me han despedido hace poco. Lo que escriben sobre el narcisismo me hace preguntarme si mi pastor principal era narcisista. Tengo miedo porque me han dicho que si digo algo sobre él o sobre la situación, perderé mi pequeña indemnización. Es un acosador. No sé qué recursos tengo».
- «Mi pastor tiene una reputación estelar. Todo el mundo lo sigue en las redes sociales y piensa que es muy equilibrado en los temas. Pero si soy sincero con usted, es impredecible, pasivo-agresivo e incapaz de tener una relación real. Su personalidad pública no es la que tiene en nuestra oficina».
- «Sé que ahora es una celebridad, y todo el mundo piensa que es la pastora y escritora más increíble de la historia. Pero todo es ego, Chuck. Si no apoyamos su "ascenso" en todos los sentidos, de alguna manera la estamos socavando, y ella ha dejado en claro que deberíamos buscar otro trabajo en otro lugar».
- «Mi marido me ha dicho que se divorciará de mí y me humillará públicamente si alguna vez digo algo negativo sobre él. Me temo que todo el mundo lo quiere tanto que lo perdería todo si alguna vez le dijera a la gente lo abusivo y acosador que es. Incluso me da miedo que me haga daño».

Estos son solo cinco de los cientos que tengo. Y lo que escucho, la mayoría de las veces no es un miedo leve a estos pastores, sino terror. Los miembros del personal, los cónyuges, los ancianos e incluso los amigos se sienten aterrorizados en algún nivel. Estos pastores narcisistas tienen un poder que intimida y silencia.

Es sorprendente y aterrador que la dinámica de ira y vergüenza sea tan prominente, y que yo y otros la veamos entre pastores famosos, populares y de confianza. Esto nos lleva a preguntarnos: ¿por qué es así? ¿Y por qué los seguimos, acudimos en masa a sus iglesias e incluso los protegemos?

Mi convicción es que la misma energía que vigila y reprime tan atentamente la sombra es la energía con la que proyectan su personalidad carismática, impulsiva y desmesurada en el mundo. Sus personalidades enérgicas y dominantes pueden ser convincentes, encantadoras y persuasivas para las masas. A menudo tienen la capacidad de hacer y lograr muchas cosas y pueden parecer casi superhumanos para quienes los rodean. Su personalidad puede incluso interpretarse como un don espiritual, un carácter muy adecuado para fundar una iglesia eficaz o dirigir un gran ministerio o iglesia.

Su seguridad en sí mismos y su energía pueden ser contagiosas, atrayendo a seguidores y personal que los idolatran. Aquellos de nosotros que no nos sentimos tan seguros o confiados en nosotros mismos podemos incluso sentirnos atraídos por su confianza: el seguidor "hambriento de ideal" que vive indirectamente de la confianza del líder poderoso. Así, muchos seguidores se exponen sin saberlo a la decepción, la traición o el abandono cuando el líder omnipotente se revela como menos que ideal.

Debido a que se dedica tanta energía a reprimir la vergüenza, la culpa, la tristeza, la confusión sexual u otros contenidos de la sombra interior, este pastor es a menudo el más impenetrable de todos. Simplemente, tiene demasiado que perder. Admitir una batalla ocasional con la lujuria o reconocer que pierde los estribos es arriesgado; abrir la bolsa invisible para enfrentarse a su propio terror es insoportable. Invulnerables, no viven de la humilde fuerza de Jesús, sino del poder y la personalidad, un falso yo egocéntrico, construido para dominar y nunca ser dominado.

Trágicamente, algunos de estos pastores dejan a su paso campos de escombros enormes y dolorosos. Sus víctimas son miembros del personal y sus cónyuges, miembros de su pequeño grupo y amigos que se atreven a decir la verdad. Conozco a mujeres y hombres capaces y talentosos que ya no están en el ministerio debido a sus experiencias abusivas y dañinas con pastores como estos. Conozco iglesias que fueron cerradas, y miembros y asistentes que ya no van a la iglesia debido a la confianza rota.

Al mismo tiempo, he conocido a pastores de iglesias grandes y saludables, incluso a pastores famosos, que empoderan en lugar de desempoderar, que son vulnerables y lideran desde su verdadero yo, no desde sus personajes fabricados. Es posible. Pero dada mi experiencia, sigo siendo cauteloso cada vez que oigo hablar de venerados pastores "estrella". Puedo entender por qué el apóstol Santiago advirtió a los talentosos diciendo: «No os hagáis maestros muchos de vosotros» (St 3:1).

VERGÜENZA, IRA Y EL PASTOR QUE AGREDE

Mientras estaba sentado con uno de esos pastores llamados "celebridades" durante una temporada en la que su iglesia estaba evaluando su salud emocional, me dijo algo sorprendente: «¿Por qué le importo un bledo cuando hay un montón de pastores por ahí agrediendo y abusando de niños?». No le gustaba estar bajo el microscopio, sintiendo que sus pecadillos no se comparaban con las grandes transgresiones de los demás. Le dije: «Y, sin embargo, usted agrede con palabras».

No hay una diferencia significativa a nivel psíquico entre el pastor que agrede con palabras (o incluso con silencio) y el pastor que agrede físicamente. La misma dinámica de vergüenza e ira está en juego. Incluso en el caso de la agresión sexual, la dinámica fundamental es la de poder. Ya sea que un pastor intimide con tácticas de liderazgo intimidatorias o manipule a través de la seducción y la agresión sexual, abuso es abuso.

Cuando Sam, el respetado pastor de una iglesia bautista fundamentalista, fue acusado de agredir sexualmente a mujeres a las que atendía pastoralmente, la comunidad se indignó con las mujeres que hicieron las acusaciones. Sam era un buen orador, un «fiel predicador del evangelio» según sus feligreses, además de un hombre casado con cuatro hijos. ¿Cómo pudo *Sam* hacer algo así?

Resulta que Sam era experto en engatusar lentamente a sus víctimas con cumplidos y coqueteos. Hacía que las mujeres a las que veía para

asesorar sintieran que eran su máxima prioridad. Hacía que desconfia-
ran de sus maridos, implorándoles que no confiaran en nadie más que
en él. Había agredido sexualmente a once mujeres en cinco años.

¿Por qué un sacerdote católico agrede a un joven? ¿Por qué un pastor
de jóvenes acosa a una estudiante de secundaria en el grupo de jóvenes?
¿Por qué el anciano con apariencia de "abuelo tierno" de la iglesia abusa
de un niño?

A menudo decimos que el perpetrador llevaba una doble vida. Sin
embargo, yo suelo llamarla "cuádruple vida". Está el *yo público* que presentamos al mundo, el *yo privado* que compartimos selectivamente con
los demás, el *yo ciego* que está claro para los demás, pero oculto a nosotros, y el *yo no descubierto* que, como la sombra, contiene aspectos invisibles e inconscientes de nosotros mismos.[94] Aquellos que han explorado
sus vidas internas y las historias de su familia de origen suelen ser los
más conscientes de sí mismos y los que viven vidas congruentes de
integridad y sinceridad. Pero aquellos que carecen de curiosidad sobre
sí mismos y permanecen en gran medida desconectados de sus sentimientos, necesidades y motivaciones inconscientes son más propensos
a proyectar su ira oculta hacia el exterior, hacia otra persona.

A veces, cuando escribo o publico en blogs sobre narcisistas y mal-
tratadores, recibo respuestas como esta: «¿Por qué no se centra simplemente en el daño que causan los agresores? Me parece que al hablar
de su lado oscuro y su dolor interior, está tratando de convencer a las
supervivientes de que tengan empatía por ellos o incluso de que los
dejen en paz». Permítame enfatizar que si ha sufrido una agresión, no
estoy tratando de convencerlo de que sienta lástima, perdone o empa-
tice con su agresor. Si alguna vez llega al punto de la empatía o incluso
del perdón, eso llevará mucho tiempo, mucha atención terapéutica y
mucho lamento y dolor honestos propios en el proceso. Sin embargo, lo
que me interesa es ayudarnos a todos a comprender la dinámica psicológica en juego. Me ayuda saber un poco lo que está en juego dentro de
un narcisista cuando estoy tratando con uno.

---

[94] Véase "The Johari Window", *Changing Minds*, consultado el 11 de agosto de 2019,
http://changingminds.org/disciplines/communication/models/johari_window.htm.

Por ejemplo, asesoré a un hombre llamado Richie, que se embarcó en un proceso honesto y difícil de dolorosa autorrevelación. Su narcisismo surgió de su propia y dolorosa infancia, en la que fue abusado en las duchas de las paradas de camiones mientras acompañaba a su padre en viajes por carretera. Esto ocurrió entre los seis y los doce años. Empezó a ver pornografía infantil en la escuela secundaria y, a los veinticinco años, estaba captando a jóvenes de secundaria en su gran grupo juvenil de una megaiglesia. A los cuarenta, estaba sentado en mi oficina, después de haber cumplido quince años en prisión.

La prisión humilló a Richie, aunque no había podido hacer el trabajo de terapia que deseaba. Debido a que había sido tan humillado durante su juicio y encarcelamiento, estaba menos a la defensiva que casi cualquier narcisista de los que he visto en terapia, y más dispuesto a abordar su propia historia de abuso. Me quedé asombrado, porque aunque no había hecho terapia formal mientras estaba en prisión, claramente usaba sus amplias ventanas de silencio para el trabajo interior. En un momento dado, le dije: «Te has vuelto contemplativo». Me respondió: «Creo que sí». Había estado leyendo a Thomas Merton y se identificaba claramente con el lenguaje de Merton sobre el falso yo. Tenía curiosidad por saber qué había debajo.

La historia de ira y vergüenza de Richie trataba de un niño pequeño, completamente impotente, desesperadamente asustado y profundamente avergonzado. Por miedo a contárselo a su padre (que dormía en la cabina de la camioneta durante estos episodios de lluvia), inconscientemente reprimió su dolor y se volvió duro y sin emociones. Cuando se hizo cristiano en el instituto, las lágrimas fluyeron: se sintió amado y perdonado, y pensó que estaba curado. Pero no lo estaba. Una oración de salvación no cura mágicamente nuestro lado oscuro. Richie se dio cuenta de que seguía sintiéndose atraído por los chicos incluso después de empezar a trabajar a tiempo parcial como ministro de jóvenes en la iglesia. No podía contárselo a nadie. Su vergüenza era demasiado grande. Al mismo tiempo, su ira se dirigía hacia adentro. «Eres un hombre terrible, horrible y enfermo», se decía a sí mismo.

Por fuera, era un manipulador carismático y astuto que dirigía con pasión el culto, atrayendo a jóvenes admiradores, alimentando su ego con la atención y el afecto de su juventud. Por dentro, era un niño asustado que temía hasta su propia sombra.

Los abusadores avergüenzan y humillan; ejercen violencia sobre sus víctimas. En realidad, están creando en el exterior lo que existe bajo su conciencia en el interior. Algunos evitan su sombra cortándose, otros abusando de sustancias y otros más a través de la evasión espiritual. Pero los que agreden entierran su vergüenza tan profundamente que su rabia oculta se vuelve hacia afuera. El daño que hacen traumatiza a sus víctimas e iglesias y destruye la confianza. Al ver lo que está sucediendo en el interior, mi esperanza es que podamos pasar de estrategias reactivas a preventivas para curar a las mujeres y los hombres heridos. Espero que estemos mejor equipados para "velar".

VELAD

Como profesor de seminario, tengo la oportunidad de formar a pastores. También participo en muchos servicios de ordenación. En mi tradición, cuando una mujer o un hombre son ordenados, se los "encarga", y se les implora que velen por sí mismos y por el rebaño. A menudo, un pastor veterano lee Hechos 20:28: «Velen por sí mismos y por todo el rebaño, del cual el Espíritu Santo los ha hecho supervisores, para apacentar la iglesia del Señor, que él ganó con la sangre de su propio Hijo». El apóstol Pablo ofreció estas palabras a un grupo de líderes, pero creo que son para todos nosotros: el sacerdocio de todos los creyentes. Cada uno de nosotros está llamado a crecer y salir de la infancia y la inmadurez, como dice Pablo en otro lugar, trabajando de manera unificada, edificándonos unos a otros, e identificando y abordando los obstáculos para el crecimiento a lo largo del camino (véase Ef 4:1-16).

La palabra "velar" a veces se traduce como "tener cuidado" o "tomar precauciones". Esto es muy diferente a "ser paranoico" o "sospechar de todo el mundo". No se nos pide una sospecha perpetua, sino atención y conciencia. Las antiguas imágenes del pastoreo son útiles: un pastor no se quedaría despierto toda la noche observando cada pequeño movimiento de sus ovejas, pero las conocería tan bien que podría detectar patrones, inconsistencias o comportamientos erráticos. ¿Somos lo suficientemente conscientes de nosotros y de los demás como para hacer lo mismo?

He oído a iglesias que han dicho: «Nunca pensamos que nuestro pastor principal podría hacer eso» o «No puedo imaginar que ella sea capaz de hacer daño a alguien». A menudo sospecho que, a lo largo del camino, la gente elige no ver cosas que podrían ser preocupantes, especialmente en sus líderes. Durante años he notado que la gente elige creer lo mejor, pasando por alto posibles inconsistencias, minimizando violaciones relacionales menores a lo largo del camino, descartando sus propias sospechas. Para algunos, los líderes pastorales son vistos como autoridades espirituales, santos y apartados, autorizados por Dios y, por lo tanto, por encima de toda sospecha.

San Pablo dice: «Velen».

En primer lugar, velen sobre su propio comportamiento. No puede producirse una transformación real en su congregación sin su propia transformación personal. A veces, su propio trabajo interior puede abrirlo a las dinámicas psicológicas que se desarrollan a su alrededor. Hace varios años trabajé con un pastor asistente, un joven que presentaba síntomas de depresión. La depresión enmascaraba sentimientos de profunda insuficiencia, a menudo expresados a través de una narrativa que había escuchado de su pastor principal. Después de cuatro años de trabajar con su pastor principal, este joven asistente estaba considerando dejar el ministerio, creyéndose «sin talento», «demasiado ansioso» e «insuficientemente simpático como comunicador». Lo desafié a hacer el duro trabajo de madurar. Identificamos todo tipo de bagaje oculto de su propia vida, y después de un año de trabajo terapéutico, emergió mucho más consciente de sí mismo y diferenciado, más resistente y bastante claro sobre el abuso que estaba sufriendo por parte de su jefe.

No hace falta ser licenciado en psicología para detectar patrones problemáticos e incoherencias. No hace falta ser licenciado en psicología organizacional para detectar sistemas ansiosos y dinámicas abusivas. Cada uno de nosotros está dotado de un sentido intuitivo del bien y del mal, de lo saludable y lo insalubre. Como portadores de la imagen de Dios, estamos programados para reconocer el aroma de la *shalom* y estremecernos ante el olor de la acusación y el mal. Si bien es cierto que nuestro propio bagaje puede interferir en la sensibilidad que Dios nos ha dado, esta es una razón más para hacer lo necesario para nuestro propio crecimiento, tal como lo hizo el pastor asistente por sí mismo.[95]

En segundo lugar, velen sobre *todo* el rebaño. Preste atención al conjunto: al sistema, a la comunidad, a la congregación. Cuide de su salud. Las iglesias sanas simplemente no contratan pastores narcisistas; pueden detectarlos a kilómetros de distancia. Las iglesias sanas cuidan bien de sus pastores, les proporcionan oportunidades de descanso y sabáticos regulares, además de oportunidades de crecimiento continuo, retiros y atención terapéutica. Y los pastores sanos, a su vez, cuidan bien de sus ovejas. Les dan poder, las equipan, las reconfortan, las alimentan. Dirigen sus iglesias en una misión vital, cuidando de los vulnerables, participando en la obra de la justicia y la misericordia. Mientras que las iglesias ansiosas dirigidas por pastores narcisistas pueden crecer numéricamente, las iglesias sanas florecen. No confunda el crecimiento numérico con el florecimiento.

En tercer lugar, esté atento a los más pequeños. A menudo recomiendo una organización llamada GRACE (Godly Response to Abuse in the Christian Environment [Respuesta piadosa al abuso en el entorno cristiano]) para la educación y la formación en la iglesia, especialmente por el bien de nuestros hijos (véase netgrace.org). Es vital que las iglesias estén atentas a los niños, especialmente a raíz de los recientes escándalos públicos, pero también porque hay casos frecuentes, aunque menos conocidos, en todo Estados Unidos y más allá, en iglesias católicas, iglesias evangélicas, iglesias protestantes tradicionales, sinagogas y más. GRACE también es un buen recurso para las iglesias que luchan con acusaciones contra pastores, ya que proporciona investigaciones independientes y evaluaciones organizativas. Además, otras organizaciones,

---

[95] Algunos de los mejores recursos para hacer este trabajo de sombras provienen de una modalidad más reciente llamada "modelo de los sistemas de la familia interna", una perspectiva que comparto en mi libro *Wholeheartedness: Busyness, Exhaustion, and Healing the Divided Self* (Grand Rapids: Eerdmans, 2016).

como RAINN (Rape, Abuse & Incest National Network [Red nacional de violación, abuso e incesto]), proporcionan recursos para casos de agresión sexual y trauma (véase rainn.org/es). Los líderes eclesiásticos proactivos equiparán a los equipos de trabajo, a los dirigentes y a las congregaciones para que estén atentos. Espero que en la próxima década todas las iglesias se comprometan con la concienciación, la formación continua y las prácticas de maduración emocional y espiritual.

Como profesor de seminario y asesor psicológico del clero, considero vital que los seminarios, los programas de educación pastoral y los centros de formación de redes no confesionales se tomen en serio la salud y el bienestar pastoral. En mi propia institución, comenzamos este trabajo de acompañamiento en el primer semestre de los estudiantes. Cada estudiante es evaluado rigurosamente por psicólogos externos, y cada uno recibe una revisión exhaustiva cara a cara con sugerencias de crecimiento y tratamiento. Cuando se necesita asesoramiento, lo ponemos a disposición y lo hacemos asequible. Se invita a los estudiantes a mantener conversaciones internas vitales a través de un plan de estudios de formación que utiliza la comunicación no violenta para ayudar a los estudiantes a identificar sentimientos y necesidades y desarrollar la capacidad personal para hacer peticiones saludables de lo que necesitan. Se les pide que hagan un trabajo sobre la familia de origen, un retiro de una semana a través del eneagrama y varios seminarios sobre abuso sexual y plenitud, adicción, racismo y prácticas espirituales saludables. ¡Y la mayor parte de eso sucede antes de la evaluación presencial de mitad de programa con el personal de formación y dos miembros de la facultad!

Cada uno de nosotros debe hacer su trabajo de sombra, pero no es una tarea en solitario. De hecho, las iglesias y organizaciones cristianas que lo convierten en una práctica normal y aceptada cultivan la salud en múltiples niveles. Ninguna comunidad lo hace a la perfección, pero hay iglesias prósperas, misioneras y saludables que cultivan prácticas para la salud personal y sistémica.[96] Es importante estar atento, no

---

[96] Tengo presente la iglesia New Life Church de Nueva York (newlife.nyc), donde durante muchos años, bajo el liderazgo de Pete Scazzero y ahora de Rich Villodas,

desde la paranoia, sino desde la conciencia, reconociendo también que hay muchas buenas iglesias, pastores y organizaciones cristianas que buscan la integridad por el bien de la misión.

Cuando tenemos el valor de mirar en la larga e invisible bolsa, podemos encontrar partes aterradoras de nosotros mismos, pero también descubrimos tesoros ocultos, pasiones profundas y anhelos sagrados que quizás habíamos pasado por alto. Somos portadores de la imagen de un Dios bueno y amoroso que busca nuestra plenitud (incluso cuando no somos conscientes de ello). Nuestra participación activa en esta búsqueda es vital para nosotros mismos, para la iglesia y para el mundo.

RECURSOS ADICIONALES

Justin y Lindsey Holcomb. *Rid of My Disgrace: Hope and Healing for Victims of Sexual Assault*. Wheaton, IL: Crossway, 2011.

Kathryn Flynn. *The Sexual Abuse of Women by Members of the Clergy*. Jefferson, NC: McFarland, 2003.

GRACE. Recursos de artículos y vídeos. www.netgrace.org/resources.

---

este trabajo ha sido fundamental para su ministerio y misión, tanto a nivel personal como organizativo.

CAPÍTULO 6

CÓMO ENTENDER LOS
SISTEMAS NARCISISTAS

Imagine pequeños terremotos por todas partes que cambian la forma de
todo lo distorsionado por el narcisismo, que cambian nuestra propia forma.
Sharon Hersh

Tras una temporada brutal de reuniones nocturnas y conversaciones en las que se ponen todas las cartas sobre la mesa, la junta directiva decidió pedir la dimisión de Ben. Años de liderazgo narcisista y de mano dura en la iglesia llevaron a múltiples despidos de personal "incompetente". Al final, la decisión de su esposa de no "apoyar a su hombre" reveló una grieta fatal en la armadura. No podría salvar su papel de líder y su matrimonio al mismo tiempo.

Mientras el resto del personal y los ancianos se reunían para inspeccionar el campo de escombros, Rosanne, la actual pastora ejecutiva, habló en nombre del equipo diciendo: «Por fin nos hemos librado del narcisismo».

Pero, en realidad, todo el sistema estaba infectado con él y ellos no lo sabían.

INFECCIÓN SISTÉMICA

Hace muchos años, una simple infección en el dedo del pie de un amigo le provocó una sepsis. La pequeña infección invadió su torrente sanguíneo, desencadenando respuestas inflamatorias en todo su cuerpo:

una infección sistémica. Me sorprendió recibir una llamada de su hija alertándome de la situación de peligro de muerte. ¿Cómo podía una pequeña infección afectar a todo el cuerpo?

Lo mismo ocurre con las iglesias. Eliminar a un miembro narcisista del personal no elimina necesariamente la infección narcisista. La mayoría de las veces, la sepsis ya se ha establecido. No se puede ver, pero acecha entre los espacios relacionales intermedios, en los cuerpos ansiosos y en las estructuras defectuosas. Se manifiesta en nuestra incapacidad para ser honestos a nivel personal y organizativo, y para reconocer las fortalezas y debilidades de un sistema eclesiástico, una denominación o una red de iglesias. Se manifiesta en nuestra falta de voluntad o incapacidad para tomar medidas intencionadas hacia la sanación sistémica.

La respuesta de Rosanne fue ingenua. De hecho, aunque el personal de dieciocho personas dio un suspiro de alivio al saber que el pastor principal había dimitido, no aprovecharon este momento para hacer una autoevaluación personal y sistémica. En su lugar, mantuvieron un patrón de liderazgo reactivo, eligiendo un camino de supervivencia en lugar de una reflexión, un cuestionamiento y una adaptación activos. El sistema ansioso buscó liderazgo, y varios rivales dieron un paso al frente para intentar conseguir el nuevo papel principal. Un consejo de administración mayor y cansado carecía de las herramientas y los recursos para ver el panorama general y eligió al mejor comunicador de la mezcla, con la esperanza de que la gente no se fuera *en masa*. A nadie se le ocurrió hacer una pausa para una temporada de reflexión. Nadie vio la infección sistémica (al menos no hasta que los mismos viejos patrones surgieron en nuevas formas).

Los sistemas son poderosos. Esconden fuerzas invisibles que trabajan bajo la superficie. Estoy entrenado para ver estas cosas, y cuando me acerco a un sistema desde fuera, a menudo puedo diagnosticar la dinámica bastante bien. Pero he operado dentro de sistemas que me han estrangulado lentamente, despertando a esta dinámica solo después de una crisis personal o después de irme. Ronald Heifetz escribe:

Para diagnosticar un problema mientras se está en plena acción hay que tener la capacidad de distanciarse de lo que pasa en el terreno. Usamos la metáfora de "subir al balcón" por encima de la "pista de baile" para reflejar lo que significa adoptar la distancia necesaria para ver lo que sucede en realidad.[97]

Pero seamos sinceros. "Subir al balcón" puede ser difícil cuando se vive en un sistema ansioso, reactivo y narcisista. Cuando se está en medio de él, a menudo es más fácil reunirse con un par de colegas y triangular sobre las decisiones tontas de otro miembro del personal. Es más, el control de un sistema narcisista puede desencadenar una sensación de impotencia o futilidad.[98]

DOS SISTEMAS NARCISISTAS DIFERENTES

Al igual que el narcisista necesita validación externa para confirmar lo especial o grandioso que es, un sistema narcisista necesita validación externa para confirmar lo especial y grandioso que es. Una gran iglesia o un ministerio eclesiástico exitoso se deleita con la afirmación que recibe en las redes sociales o en las conferencias. Una campaña de recaudación de fondos exitosa provoca un sentido colectivo de orgullo de que Dios nos está bendiciendo (y *no* a esa iglesia al otro lado de la calle). Este fenómeno a veces se denomina "narcisismo colectivo".[99] Pero, resulta que los sistemas pueden estar arrogantemente convencidos de su

---

[97] Ronald Heifetz, *La práctica del liderazgo adaptativo* (Barcelona: Paidós, 2012), 30.

[98] La triangulación se produce cuando alguien se niega a tratar directamente con la persona con la que está teniendo problemas y, en su lugar, encarga a un tercero que alivie su ansiedad.

[99] A. G. de Zavala, "Collective Narcissism and Its Social Consequences", *Journal of Personality and Social Psychology* 97, no. 6 (2009): 1074-96.

grandeza o ser, paradójicamente, narcisistas vulnerables (una forma retorcida de autocondescendencia).[100] Veamos ambos tipos de sistemas.

Sistemas narcisistas grandiosos. En primer lugar, un sistema narcisista —ya sea una iglesia, una confesión, una red de iglesias, un ministerio paraeclesiástico u otro— se deleita en sí mismo. Desconectados de la realidad de la disfunción del sistema o de la sepsis narcisista, los miembros conspiran en un acto colectivo de mirar con amor al estanque de agua que refleja la imagen ideal, tal como lo haría un pastor narcisista.

¿Cómo ocurre esto? En estos sistemas, a menudo hay temporadas de supuestas bendiciones, que se manifiestan en crecimiento o salud financiera o reconocimiento de algún tipo. A veces estos sistemas están dirigidos por líderes narcisistas, pero no siempre es así. Algunos sistemas tienen una reputación o una marca más allá de un líder, un pastor o un director general.

Por ejemplo, una organización paraeclesiástica con la que trabajé tuvo muchos líderes fuertes a lo largo de los años. Cada uno fue elegido por su capacidad para perpetuar la reputación y grandeza del ministerio. Él o ella se convertía en la "cara" del sistema. Cada uno de los líderes carecía de conciencia de sí mismo; esto fue así hasta que Matt tomó el relevo. Matt era un amigo lejano mío, pero se acercó cuando se dio cuenta de en qué se había metido. Admitió que estaba enamorado del papel y el título que había heredado como próximo líder del ministerio, pero que tenía poca idea de la disfunción que estaba presenciando antes de aceptar el trabajo.

Esa disfunción era, de hecho, una forma colectiva y sistémica de narcisismo grandioso. Aunque la declaración de misión de la organización hablaba de servir a Jesús y al reino, el ministerio existía para perpetuar su impresionante, pero compleja, mezcla de discipular, proveer recursos y equipar iglesias. El presupuesto multimillonario confirmaba a todos los que trabajaban allí que estaban liderando el camino, que Dios les había concedido el éxito. Cada persona del sistema se alimentaba de la grandiosa postura de la organización.

---

[100] Véase Dennis Duchon y Michael Burns, "Organizational Narcissism", *Organizational Dynamics* 37, no. 4 (octubre–diciembre de 2008): 354-64.

La primera muestra de narcisismo de Matt se produjo cuando percibió un vacío, una falta de entusiasmo en su trabajo, una falta de "vitalidad evangélica", como me dijo al principio. Cuando preguntó a los miembros del equipo sobre su sentido personal de la misión, rara vez oyó algo relacionado con un llamado a seguir a Jesús. De hecho, lo alarmó una narrativa colectiva que decía algo así: «El [ministerio rival] está haciendo esto, así que debemos responder haciendo esto». Escuchó a líderes clave de la organización hablar de manera despectiva del otro ministerio, leyó blogs de personas de su equipo que se burlaban de otros cristianos mientras exaltaban su propio trabajo, y sintió lo que describió como una "grosera arrogancia" en las reuniones de personal. Me dijo que la cultura de las reuniones de personal se parecía más a una planificación de juego para vencer al rival que a un discernimiento corporativo de la voluntad de Dios para esa temporada de ministerio. Dijo: «Parece como si todos estuvieran en una especie de trance grupal».

Si bien un líder narcisista puede ser destituido de su cargo, un sistema no se desmantela fácilmente. Cuando empecé este trabajo, primero intentamos discernir si había o no capacidad de autorreflexión entre el personal clave. En una reunión de equipo de siete líderes importantes, recuerdo que les pedí que me describieran las debilidades de su organización. Sus respuestas fueron superficiales y poco profundas. Entre las debilidades se encontraban un contable que podía ser reemplazado, un tiempo de respuesta lento en la entrega de un recurso necesario a una denominación y un exdirector ejecutivo que no tenía el "espíritu emprendedor", lo que aparentemente le costaba tiempo y dinero a la organización. Les pregunté qué hacía que su organización fuera diferente de una empresa secular con fines de lucro, y cada uno me dijo que su "enfoque en el reino" era la diferencia. Pero no había una sensación clara de que este supuesto enfoque del reino se pareciera en algo a la forma de entrega de Cristo. Parecía más una corporación despiadada que un ministerio cristiano.

La autorreflexión rigurosa es imprescindible para que cualquier sistema cambie. La transformación de un sistema requiere la transformación entre sus miembros y, lo que es más importante, la transformación de su líder (y liderazgo).[101] En cierto sentido, el cambio solo puede producirse desde dentro hacia fuera, a medida que los que participan en el proceso de cambio experimentan ellos mismos la transformación. En el ministerio de Matt, había una falta de vitalidad espiritual y relacional que los privaba de los recursos necesarios para la autorreflexión. Acostumbrados a los patrones organizativos narcisistas, cada nuevo miembro del personal se veía rápidamente absorbido por su campo de fuerza infeccioso. Algunos de los miembros del equipo que entrevisté no se dieron cuenta de que se les había succionado la vitalidad espiritual hasta que nos adentramos honestamente en su historia personal de intimidad experiencial con Dios. Muchos eran susceptibles, ya que habían llegado allí sin una vida espiritual vital y con la esperanza de que trabajar en un ministerio cristiano pudiera ayudarlos. Todos parecían necesitar la sacudida de confianza que obtuvieron al identificarse como miembros de esta organización.

En grupos de trabajo de cuatro o cinco personas, comenzamos a discernir temas que reconocimos como problemas universales a largo plazo en el ministerio. En un período de tiempo relativamente corto, se fue llegando a un consenso de que había un problema y que cada persona dentro del sistema era parte de él. La comprensión llevó a la apropiación, lo que condujo a un sentido compartido de inversión en una nueva forma de avanzar. Incluso Matt renunció a cualquier sensación de certeza de que podía o debía liderar la organización en el futuro. Pero su compromiso con la transformación personal fue contagioso, y un sentido colectivo de afirmación alimentó un renovado sentido de llamado para Matt. Uno de los momentos más hermosos se produjo cuando los principales líderes del personal compartieron sus propias historias personales de dolor y arrepentimiento, lo que condujo orgánicamente a un momento corporativo de oración y arrepentimiento bañado en lágrimas y confesiones.

Sin embargo, los sistemas grandiosos a menudo se resisten al cambio. Se resisten porque la grandiosidad funciona. La integridad da

---

[101] Véase Jim Herrington, Mike Bonem y James Furr, *Leading Congregational Change: A Practical Guide for the Transformational Journey* (Nueva York: Jossey Bass, 2000).

paso al pragmatismo; la honestidad da paso a la ilusión. El *statu quo* es mucho más fácil que el trabajo de tomar conciencia de uno mismo, evaluar, nombrar la realidad, dejar ir, llorar las pérdidas y abrazar nuevos caminos. Añada a esto el pensamiento grupal tóxico que se resiste a las voces divergentes o a las visiones conflictivas y tendrá la receta para un sistema resistente y perpetuamente séptico.

Sistemas narcisistas vulnerables. En el primer caso de los sistemas narcisistas, una arrogancia colectiva marca la cultura de la organización. Necesita sentirse especial, ser la mejor, tener éxito. Pero hay otra imagen de los sistemas narcisistas que puede no ser tan familiar. Al principio del libro, definí el "narcisismo vulnerable" como un narcisismo que se manifiesta de formas más sutiles, a veces tímidas, avergonzadas, sensibles, pasivo-agresivas y basadas en la victimización. Los narcisistas vulnerables claman en secreto por la afirmación y la adoración, pero en lugar de reclamarlas como una cuestión de derecho arrogante, manipulan y maniobran de formas que son igualmente tóxicas y dañinas. Este caso de narcisismo también se manifiesta en sistemas y a veces se denomina "narcisismo de baja autoestima".[102]

Aunque no es tan arrogantemente transparente como su contraparte, un sistema narcisista vulnerable y con baja autoestima se resiste a la salud al elegir participar en patrones masoquistas y de autosabotaje. En los sistemas de iglesias, en particular, he sido testigo de una especie de justificación teológica retorcida para esto. Estos sistemas hablarán de humildad, pecado, dependencia de Dios y aceptación de la debilidad de maneras que desafían las definiciones evangélicas de los mismos. Lo que se etiqueta como humildad parece autodesprecio. Lo que se define como debilidad se manifiesta en heridas. Y la dependencia de Dios se convierte en una excusa para la pasividad y la culpa cuando las cosas no van bien. Al final, la falta de salud conduce inevitablemente al dolor de sus líderes y sus miembros.

Una iglesia de cien personas en una ciudad universitaria del Medio Oeste se jactaba de su compromiso con la "fidelidad a la inerrante Palabra

---

[102] Duchon y Burns, "Organizational Narcissism", 355.

de Dios". Pero la identidad en la iglesia y en el personal parecía centrarse en una imaginación compartida de lo malos que eran. Un anciano dijo: «Estas otras iglesias son tan humanistas, pero nosotros sabemos lo pecadores que somos». Mientras otras iglesias exploraban caminos hacia una misión vital, esta iglesia se comprometía a *no* hacer lo que hacían las demás. De hecho, esta iglesia esperaba no crecer ni prosperar como otras y, en cambio, se comprometió rigurosamente a preservar la "verdad" a pesar de la deshonestidad y la insalubridad sistémicas.

Durante décadas, la cultura de la iglesia basada en la culpa y la vergüenza atrajo tanto a pastores como a feligreses que compartían este complejo patológico, respaldado por una teología que afirmaba la maldad humana. Y para participar en esta cultura, uno necesitaba estar predispuesto a la oposición. Así que, cuando llamaron a un pastor joven recién salido del seminario, cuya teología y disposición coincidían, el emparejamiento estaba sellado.

Kevin tenía el aspecto de y hablaba como un reformador del siglo XVI. Su barba hípster cubría un rostro de veinticinco años que, al parecer, estaba lleno de vergüenza. Durante un año y medio, los sermones incendiarios de Kevin impresionaron a los intransigentes difíciles de impresionar y cautivaron a una nueva generación de mujeres y hombres que necesitaban que su crítica interior fuera confirmada desde el púlpito. El masoquismo narcisista resultaba extrañamente atractivo en esa ciudad, y los recién llegados confirmaron rápidamente que se trataba de una iglesia que se tomaba en serio la ortodoxia teológica. Aunque apreciaban la creencia de que eran la única iglesia realmente honesta en lo que respecta a la seriedad del pecado humano, una supuesta alta teología del pecado individual enmascaraba los pecados sistémicos del juicio, el racismo, la misoginia, el tribalismo, la intimidación pasivo-agresiva, las amenazas arbitrarias de disciplina y la evitación emocional y relacional.

El acoso teológicamente aprobado era infligido por esposos que afirmaban su autoridad sobre sus esposas "ayuda idónea", por adictos a la certeza contra los teológicamente indecisos y por moralistas contra cualquiera que cruzara sus vallas invisibles. Kevin hablaba despectivamente de sus ancianos, los ancianos hablaban despectivamente de la congregación y la congregación hablaba despectivamente de sus vecinos. Era un ciclo atormentador de negatividad que llegó a un punto crítico cuando salió a la luz la depresión de Kevin y su aventura emocional con una antigua novia que encontró a través de Facebook.

No es de extrañar que la iglesia respondiera a la situación de Kevin con un narcisista sentido de «¿cómo pudo pasarnos esto a *nosotros*, la verdadera iglesia?». Un sistema ya de por sí ansioso respondió con la típica reactividad: «Después de todo, salió porque no era de nosotros». Imaginaron que, para caer como él, Kevin no debía de haber creído tan firmemente como ellos. No hubo curiosidad, ni compasión, y desde luego ninguna gracia para Kevin, a quien se le rescindió el contrato. Rápidamente se inició un juicio eclesiástico contra él que fue punitivo y vergonzoso. Lo conocí dos años después, cuando él y su esposa todavía estaban lamiéndose las heridas, sin haber superado su dolor en terapia porque desconfiaban de la psicología.

Kevin finalmente tomó valientes medidas para lidiar con su dolor y su quebranto, pero informó que la iglesia llamó a otro joven incendiario para ocupar su lugar. Cuando Kevin se dio cuenta de su propia vergüenza crónica, sus ojos se abrieron a la sepsis en el sistema narcisista en el que había trabajado. «Fue una trampa», dijo. «No fui el primero. No seré el último, al parecer. Pero fue una receta perfecta para la enfermedad y el desorden».

Los sistemas narcisistas vulnerables, aunque no son tan descaradamente arrogantes, muestran una tranquila autojustificación que es tan problemática como la de los sistemas grandiosos. En cierto modo, pueden ser más resistentes al cambio que el sistema grandioso. Los rígidos esquemas de creencias y la arrogante certeza de un sistema vulnerable a menudo exigen un alto nivel de lealtad, junto con dolorosas consecuencias para quienes abandonan el sistema. Sin embargo, en ambos sistemas el tirón hacia la lealtad y la uniformidad es fuerte.

¿CÓMO ES UN SISTEMA SANO?

Al ver el efecto de los sistemas narcisistas grandiosos y vulnerables, podemos sentirnos desanimados. Podemos preguntarnos cómo es un sistema o una estructura saludable. ¿Existen prácticas o principios que caracterizan a los sistemas eclesiales saludables?

En primer lugar, los sistemas saludables, ya sean eclesiales, sin fines de lucro o seculares, valoran y fortalecen a todos los que forman parte del sistema, maximizando los beneficios para todos sin explotación. En los sistemas narcisistas, el éxito beneficia a unos y no a otros. Los más débiles dentro de un sistema de personal o congregacional están sujetos a la exclusión, el abuso y otras cosas. Pero el apóstol Pablo imagina la iglesia como un cuerpo interdependiente que crece y madura, pasando de la infancia a la plena madurez; escribe en Efesios que los pastores de la iglesia están llamados a

> equipar completamente a los santos para la obra del ministerio, para la edificación del cuerpo de Cristo, hasta que todos lleguemos a la unidad de la fe y del pleno conocimiento del Hijo de Dios, a la condición de un hombre maduro, a la medida de la edad de la plenitud de Cristo. (Ef 4:12, 13)

La evidencia de la salud eclesial es que *todos* se fortalecen, crecen en madurez, pasan de la desregulación emocional de la infancia a la estabilidad y el equilibrio emocional y espiritual de la edad adulta.

En segundo lugar, aunque se valore el éxito en su sentido más saludable, no va acompañado de grandiosidad ni exhibicionismo. Como hemos visto, las instituciones cristianas y las iglesias son susceptibles a la misma grandiosidad de las organizaciones seculares. La grandiosidad es una ilusión, basada no en hechos, sino en un engaño que funciona a nivel personal o colectivo. Los sistemas más saludables resisten el engaño y viven en una honestidad radical, sin importar las consecuencias. Como han escrito dos investigadores organizacionales:

> La organización con un narcisismo saludable se mantiene orientada a los hechos e intenta descubrir la "verdad" de una situación examinando tanto las pruebas que la apoyan como las que la desmienten. La organización sana está abierta a la posibilidad de que haya disfrutado de un éxito debido a la suerte, o haya enfrentado

un fracaso debido a sus propios errores. La identidad de una organización sana no se verá indebidamente amenazada por un fracaso a corto plazo porque posee una sana confianza en que tendrá éxito a largo plazo. Debido a que se basa en la realidad, una organización sana estará mucho más abierta al cambio que sus homólogas disfuncionales.[103]

El misiólogo y educador Ed Stetzer se hace eco de esto en una serie que escribió para *Christianity Today* sobre cómo sobrevivir a un cristianismo insano. Pinta un cuadro de un sistema familiar saludable: «Me llamó la atención su salud y su sentido de la familia. Incluso cuando no estaban de acuerdo, el foco estaba en la familia y la amabilidad en su desacuerdo. Se permitía a la gente hacer preguntas, el liderazgo era transparente y había confianza».[104] Cuando un sistema no está dominado por la ansiedad, todos son libres de decir la verdad, todos son libres de escuchar con interés.

La pregunta del millón es siempre: «¿Cómo lo conseguimos?».

Un adicto que ha pasado por un proceso de recuperación le dirá que el primer paso es el más difícil. Las personas y organizaciones que admiten un problema a menudo sienten que se les quita un gran peso de encima, pero habitualmente se resisten a ello el mayor tiempo posible. Una gran iglesia presbiteriana del sur sintió esta carga, reconociendo que estaban sumidos en tradiciones tóxicas a largo plazo y patrones sépticos difíciles de romper. Hizo falta que un grupo de miembros representativos en una reunión congregacional —entre ellos un anciano de la iglesia, un milenial obsesionado por el café y una madre trabajadora— tuvieran el valor de acercarse a los micrófonos y decir lo

---

[103] *Ibid.*, 361.

[104] Vea la serie de tres partes de Ed Stetzer, "Considering (and Surviving) Unhealthy Christian Organizations", *The Exchange* (blog), 5 de abril de 2012 (parte 1), 10 de abril de 2012 (parte 2), 26 de junio de 2012 (parte 3). *N. del E.*: el enlace original ya no está disponible, pero se puede consultar una fuente alternativa en https://www.christianpost.com/news/considering-and-surviving-unhealthy-christian-organizations-part-1-72793/

que había que decir: estamos enfermos y ya no podemos conformarnos con parches. A veces, la salud comienza con el acto profético de decir la verdad.

Los sistemas dispuestos a ser brutalmente honestos son sistemas preparados para una nueva salud. En esta iglesia, las personas audaces y valientes que se acercaron al micrófono fueron reconocidas como amantes de la verdad, motivadas por la salud de la iglesia y no por sus propios intereses. La confianza de la congregación en ellos llevó a un acuerdo colectivo para entrar en un proceso transparente hacia la salud guiado por un consultor externo. Esta iglesia entró en un valiente recorrido de autoconciencia, evaluación, de nombrar la realidad, dejar ir algunas cosas, lamentar las pérdidas y abrazar nuevos caminos.

En tercer lugar, hay que evaluar la salud del liderazgo. A menudo me sorprende cuando me invitan a ayudar a una iglesia, a un equipo o a un sistema y descubro que el líder principal no esperaba aportar nada más que su opinión experta sobre el problema. Recuerdo que le pregunté a un líder: «¿Está dispuesto a participar también en la evaluación?». Su mirada de miedo, rabia y desconcierto lo decía todo. En su opinión, yo no estaba allí para evaluarlo, sino para solicitar su perspectiva omnisciente. Sin embargo, nunca he visto surgir la salud sistémica sin que el líder (o los líderes) emprenda/n su propio viaje transformador. ¿Podría ese viaje incluir terapia, dirección espiritual, asesoría o algo más? Quizás. De hecho, el líder dispuesto a adentrarse en el autodescubrimiento es el líder que inspirará a otros a ese trabajo.

En cuarto lugar, un sistema inclinado a la salud demuestra una curiosidad implacable, sobre todo en su solicitud de otras perspectivas. Uno de los mejores ejemplos que he visto de esto fue en un contexto suburbano que contaba con dos iglesias muy grandes, muchas iglesias medianas y algunas iglesias más pequeñas que se aferraban a la vida. Todo el mundo tenía una opinión sobre la iglesia más grande de la ciudad. Cuando se descubrió un escándalo que involucraba a su popular y carismático pastor de jóvenes, la comunidad estaba alborotada. Un nuevo líder de alto rango de esta gran iglesia aprovechó este momento como una oportunidad para la honestidad radical. Invitó a los pastores de casi todas las iglesias cercanas a una sesión de dos horas en la que él y algunos de los principales líderes internos escucharían sus experiencias en relación con su iglesia. Presentó el momento como una oportunidad para que cada persona compartiera lo bueno, lo malo y lo feo: cómo cada persona allí había experimentado esta iglesia, sus líderes, sus ministerios y más.

Aunque reticente al principio, la ansiedad se rompió cuando intervino el pastor solitario de una pequeña iglesia. Dijo:

> He luchado contra temporadas de ira, resignación y vergüenza en torno a su iglesia. Éramos una comunidad de 150 miembros hace diez años, pero sus programas alejaron a la gente. He tenido que despedir a muy buenos empleados. Me he preguntado si alguno de ustedes reconoce el impacto que ha tenido en todos nosotros. También he experimentado temporadas de inmensa gratitud. Mi vecino de al lado ha abrazado la fe en su iglesia. Su programa de misericordia está transformando vidas. Pero lo de hoy es extraordinario. Que me hayan invitado aquí para compartir con ustedes que estoy enfadado, y que juntos podamos hablar sobre cómo estar más sanos es algo bueno para ustedes, bueno para nosotros, bueno para toda nuestra comunidad.

La honestidad continuó cuando los pastores aportaron ejemplos concretos de experiencias difíciles relacionadas con la gran iglesia en crisis. El pastor principal y su equipo tomaron notas, escucharon atentamente e hicieron buenas preguntas.

Al final, no tenían nada que decir. No tenían una solución. En su lugar, el pastor expresó su profunda tristeza por los fracasos de la iglesia, su gratitud por las historias de esperanza y su intención de mantenerse conectado. Y lo hizo. Durante el año siguiente, llevó a almorzar a muchos de los que habían hablado para escuchar más comentarios. Este lento, pero importante proceso cambió el aspecto de la iglesia y dio lugar a transformaciones masivas en la asociación, la colaboración, las relaciones y la confianza en la comunidad de la iglesia.

UN MOMENTO DE CONCIENCIA

Mientras escribo, la Iglesia católica está envuelta en un escándalo. Las investigaciones sobre la mala praxis del clero están revelando patrones de abuso y encubrimiento que se han prolongado durante décadas entre obispos, cardenales y hasta en el mismísimo Vaticano. Mientras escribo, la iglesia evangélica está lidiando con la confusión, la incredulidad y la ira en torno a Bill Hybels, la iglesia Willow Creek y un patrón de abuso y encubrimiento que afectó a muchas mujeres durante muchos años. Hybels fue proclamado como un líder entre líderes y la suya fue una organización que dio forma a la imaginación del liderazgo.

Respetados pastores famosos se enfrentan a escándalos de adulterio, abuso, manipulación psicológica, plagio, mala praxis financiera y más. El falso yo colectivo es poderoso y oculta una montaña de ira y vergüenza. No conozco lo suficiente a muchas de las personas y actores de estos escenarios como para diagnosticar el narcisismo, pero despiertan más que un poco de curiosidad y asombro.

¿Podríamos estar en un momento de ajuste de cuentas? Hace veinte años, cuando me encontré por primera vez con el narcisismo, no parecía que la iglesia se lo tomara en serio, y me pregunto si estamos preparados para abordarlo hoy. Como médico, veo el narcisismo eclesial a niveles que me alarman.

También veo cómo los cristianos laicos corrientes pueden ser ciegos al narcisismo peligroso y tóxico de los líderes políticos, ya sean de izquierdas o de derechas. Existe una peligrosa connivencia con el poder, y soy consciente de que, en medio de nuestra propia ansiedad y vergüenza, nos alineamos involuntariamente con líderes poderosos y malsanos que nos ofrecen una falsa sensación de control e identidad. Aunque veo que algunos sectores de la iglesia se toman en serio el narcisismo, no estoy dispuesto a decir que estamos colectivamente preparados para mirarnos en el espejo y confesar nuestra participación colectiva en sistemas narcisistas.

Una amiga y escritora, Sharon Hersh, escribe con elocuencia sobre muchas cosas, pero cuando reflexiona sobre el narcisismo suele utilizar la etiqueta #TieneQueVerConNosotros. Se niega a ver el narcisismo como un problema en *ellos*, sino que lo ve como un asunto al que *debemos* enfrentarnos:

> Hemos aprendido a vivir en las garras del narcisismo. Somos orgullosos y nos escondemos. Queremos a Dios y queremos ser Dios. Bendecimos y herimos. Caemos y nos atrevemos a mucho. Decidimos no entrar en Twitter porque tenemos miedo de lo que pueda revelar sobre nosotros. Posamos para selfis y sabemos que estamos posando porque no hay suficiente de nada que nos haga realmente suficientes. Necesitamos un cambio tectónico hacia una interconexión que invada todos los rincones de nuestras vidas. ¿Podemos criar a niños que no se sientan con derecho a todo? ¿Podemos hablar de política sin dividir a la familia y a los amigos? ¿Podemos creer en Dios sin dejar a algunas personas fuera? Imagine pequeños terremotos por todas partes que cambian la forma de todo lo distorsionado por el narcisismo, que cambian la forma de nosotros mismos.[105]

Sharon no solo diagnostica el narcisismo individual, sino también nuestro narcisismo colectivo. Tiene que ver con nosotros. De hecho, todos participamos en sistemas narcisistas. Quizás estos sistemas son parte integrante de las «potestades y principados» (Ef 6:12) con los que luchamos. Quizás estén a nuestro alrededor, no solo en los sistemas de la iglesia, sino en nuestras instituciones corporativas y políticas, incluso en nuestras conexiones más laxas en las redes sociales y en nuestras identificaciones tribales más amplias. Quizás esto tenga que ver con nosotros y sea una invitación a despertar a las muchas formas en las que la certeza triunfa sobre la curiosidad, la uniformidad sobre la unidad, la arrogancia sobre la humildad, el control sobre la conexión, la lealtad sobre el amor.

Con Sharon, oro por pequeños terremotos en todas partes que nos desplacen, nos rompan y nos transformen.

---

[105] Véase "About", en el sitio web oficial de Sharon Hersh, consultado el 11 de agosto de 2019, www.sharonhersh.com/about/.

RECURSOS ADICIONALES

Jim Herrington, Mike Bonem y James Furr. *Leading Congregational Change: A Practical Guide for the Transformational Journey*. Nueva York: Jossey-Bass, 2000.

Terrence Real. *I Don't Want to Talk About It: Overcoming the Secret Legacy of Male Depression*. Nueva York: Scribner, 1998.

Shelley Reciniello. *El líder consciente: 9 principios y prácticas para crear un espacio de trabajo productivo y plenamente consciente*. Greenwich, CT: LID Editorial Empresarial, 2015.

Peter Scazzero. *Una iglesia emocionalmente sana: Una estrategia para el discipulado que de veras cambia vidas*. Grand Rapids: Vida, 2005.

Miroslav Volf. *Exclusión y acogida: Una exploración teológica de la identidad, la alteridad y la reconciliación*. Barcelona: CLIE, 2022.

CAPÍTULO 7

HACIENDO LUZ DE GAS

Abuso espiritual y emocional

*Las personas traumatizadas se sienten crónicamente inseguras
en su interior: el pasado está vivo en forma de un inquietante
malestar interior... Aprenden a esconderse de sí mismas.*
Bessel Van der Kolk

Hacer luz de gas es una forma de abuso emocional que toma su nombre de una obra de teatro británica de 1938 llamada *Gas Light* [Luz de gas]. En la obra, un hombre llamado Jack Manningham aterroriza a su esposa, Bella, haciéndola dudar de su percepción de la realidad. Bella solo se consuela con la única realidad en la que puede confiar: el tenue parpadeo de las luces de gas, que coincide con las andanzas nocturnas de Jack. Entre sus travesuras, Jack esconde objetos domésticos y la culpa a ella de haberlos perdido, lo que la deja perpleja y con dudas sobre sí misma. Su única pizca de cordura está en la llama parpadeante de la lámpara de gas, y el público se mantiene en vilo mientras ella vacila entre la duda y la claridad.

Los afectados por la picadura del narcisista no lo sienten de inmediato e incluso pueden pensar que se lo merecen. El narcisista desarrolla la asombrosa habilidad de hacer que los demás se sientan locos, inseguros, confusos y desconcertados. Lamentablemente, esto ocurre en una variedad de contextos, entre ellos la iglesia.

En este capítulo destaco las formas sutiles, incluso espirituales, de abuso emocional perpetuado a menudo por aquellos en el espectro narcisista mientras observamos las características clave del abuso narcisista.

UNA HISTORIA DE ABUSOS

Parecían sacados de una publicidad, una pareja tipo Ken y Barbie cuya tez bronceada, sonrisas brillantes y disposición coqueta me hicieron preguntarme si me estaban tendiendo una trampa. Yo era un joven terapeuta, inmerso en mi primera serie de evaluaciones de plantadores de iglesias, y tenía suficientes sospechas como para pensar que el experimentado equipo de evaluación podría incluir a un par de actores para poner a prueba al novato.

Me presentaron a Zak y Andrea como candidatos seguros para la evaluación. Zak había recaudado cerca de 150 000 dólares en solo unos meses, y su iglesia plantada estaba preparada para su lanzamiento en solo unas semanas. Presentí que la prueba que haría solo era una formalidad, y que con un guiño y un asentimiento los dejaríamos pasar directamente. Después de todo, la iglesia que lo envió era una de las iglesias presbiterianas más grandes del sur, y era un apoyo clave del centro de plantación de iglesias para el que me contrataron como consultor. Estaba ansioso, no solo porque era un novato, sino también porque olía raro.

Zak y Andrea se sometieron a las evaluaciones estándar, seguidas de sus citas individuales conmigo. Zak fue el primero en llegar; alto y delgado, llenaba la habitación de encanto y arrogancia. Tenía veintisiete años, era un niño, pero era también el favorito del mundo de la plantación de iglesias.

«Entonces, ¿en qué tengo que trabajar, doctor?», dijo. Yo aún no había terminado mi doctorado, pero percibí su intento de congraciarse conmigo. Quería parecer complaciente. Pero yo tenía que darles una mala noticia: los preocupantes resultados de su evaluación psicopatológica, junto con las desconcertantes respuestas de Andrea, planteaban la posibilidad real de que no pudiera aprobarlos. Estaba preocupado. Si daba la mala noticia, probablemente perdería mi buena reputación con los evaluadores y otras personas que creían que él era una estrella en ascenso. Si no lo hacía, perdería mi propia integridad.

La siguiente hora fue brutal. Me sentí como si estuviera en guerra. Zak comenzó con una falsa sensación de conformidad, fingiendo curiosidad, escuchando y reconociendo aspectos de los hallazgos. Le dije: «Zak, tus elevaciones en el espectro narcisista son significativas, y yo...».

—¡Parece que tengo trabajo que hacer entre recaudar dinero y formar líderes, Doc! —interrumpió.

Repetía este patrón de interrupción, rápido para explicar o defender. No parecía curioso y no mostraba humildad. Percibí que veía nuestro ejercicio como algo obligatorio, y distinguí un sentido de derecho que me preocupaba.

Cuando centramos nuestra atención en su matrimonio, él se anticipó a la respuesta de Andrea. «Sospecho que fue bastante dura conmigo», dijo, sacudiendo la cabeza con disgusto y lástima. «¿Puedo ser sincero con usted, doctor? Estoy preocupado por ella. Desafía mi autoridad, y sabemos cómo puede ser eso entre hombres, ¿verdad?».

Me quedé atónito por su presunción. Mi mayor preocupación ahora era Andrea. Ella había estado actuando, y ahora había ondeado la bandera roja en privado, en un intento desesperado de llamar la atención del joven asesor. La hermosa esposa de Zak ya no estaba dispuesta a ser su muñeca Barbie, su marioneta con una cuerda, su osito de peluche al que abrazar en un momento y al que zarandear al siguiente.[106] Estaba sentada literalmente a unos metros de la habitación, esperando su veredicto: validación o rechazo. Sentí la presión.

Zak también lo hizo. Recaudó el dinero, recibió el apoyo y muchos lo vieron como el próximo gran éxito. Iba a ir al centro de la ciudad, emulando las estrategias exitosas de otros pastores, para fundar una iglesia. Sospecho que también veía mucho más en su futuro: un contrato para escribir un libro, conferencias, tal vez el discurso de apertura para los plantadores de iglesias dentro de diez años. Pero ahora tenía la cara roja, un rojo furioso que acompañaba a una mirada intimidante. No había entrado para desenmascararlo, por mera curiosidad, para sonsacarlo o ver si la prueba coincidía con mi experiencia con él. Para mi disgusto, así fue. Ahora caminaba con cuidado, anticipándome a su ira.

---

[106] Vea el útil libro de Patricia Evans, *Controlling People: How to Recognize, Understand, and Deal with People Who Try to Control You* (Avon, MA: Adams, 2002), donde describe el "síndrome del osito de peluche".

«Dígame con la mayor sinceridad posible si hay algo que le preocupe, desde su punto de vista, sobre el trato que le da a su esposa», dije. No esperaba nada, pero él mencionó algunas cosas.

«Doctor, puedo ser duro, pero por su bien», me dijo. «Es una perezosa. Tiene que entender lo vital que es nuestro trabajo para el reino. Es su egocentrismo lo que me saca de quicio. Tiene que centrarse en la misión, estar atenta. Mi enfado es para su edificación».

Hice una pausa, considerando en silencio mis palabras finales. Después de un momento, dije: «Zak, esta entrevista no es en absoluto un factor decisivo —no tengo ese poder—, pero es un gran obstáculo. Necesito reunirme con Andrea, y luego necesitaremos algo de tiempo juntos para considerar los próximos pasos. Pero mis pruebas y esta entrevista me dan una pausa significativa. No puedo recomendarlo en este momento».

La habitación estaba en silencio. Treinta segundos. Un minuto. Zak tenía la cabeza gacha. Le dije: «Es la hora, Zak. Hablaremos más tarde».

Levantó la vista, mirando con tanta intensidad como nunca antes había experimentado en la furia de otro hombre.

«Es la palabra de ella contra la mía. Después de todo, no hay moretones», dijo.

ABUSO EMOCIONAL TRAUMÁTICO

Quizás lo más aterrador del ataque del narcisismo es que a menudo no deja ninguna herida física. El trauma infligido puede manifestarse en forma de humillación, hipercrítica, silencio, exclusión, aventuras, coqueteo, celos, cambios de humor extremos, bromas groseras, celos constantes, mendigar amor, culpa, vergüenza, control de las finanzas, manipulación sexual, transferencia de culpas, aislamiento de amigos y familiares, amenazas, violaciones de límites y mucho más.[107] Esta no es

---

[107] Para obtener una lista descriptiva y útil, consulte "Emotional Abuse", *Out of the FOG*, consultado el 11 de agosto 2019, http://outofthefog.website/top-100-trait-blog/2015/11/4/emotional-abuse.

en absoluto una lista exhaustiva, pero ilustra la compleja realidad del abuso psicológico/emocional. Aunque no aparezcan cicatrices o moretones físicos, el psicoterapeuta Daniel Shaw escribe que «lo que siempre está presente es un dolor invisible e interior causado en el otro».[108]

Cuando comparto una lista como esta con una víctima que está empezando a aceptar la realidad del narcisismo traumático, puede resultar abrumadora. Una oleada de emociones la inunda: repulsión, dudas, conmoción, confusión, terror. Puede que me diga que una película se reproduce en su cabeza a toda velocidad, con recuerdos clave, incluidos encuentros sexuales nauseabundos, amenazas, violaciones graves de los límites o humillaciones particularmente desagradables. Nuestros cuerpos guardan estos recuerdos, y cuando se desencadena el trauma, una avalancha de memorias puede precipitarse en nuestra mente consciente. El experto en traumas Peter Levine escribe: «Aunque los humanos rara vez mueren a causa de un trauma, si no lo resolvemos, sus efectos pueden mermar gravemente nuestras vidas. Algunas personas incluso han descrito esta situación como una "muerte en vida"».[109]

Aunque al final del capítulo sugeriré algunos recursos que pueden ayudarnos a comprender mejor estas experiencias, es importante explorar cómo el narcisismo y el abuso traumático se encuentran cuando llegan a la iglesia. No creo que sea exagerado decir que el lugar donde más se entiende el abuso emocional traumático, fuera del sistema judicial de EE. UU., es la iglesia. Durante veinte años he trabajado con docenas de mujeres que han buscado empatía y seguridad en la iglesia, solo para encontrar duda e incredulidad. He trabajado con hombres atrapados en matrimonios abusivos o entornos laborales tóxicos que se avergüenzan de nombrar la realidad, a menudo porque creen que los hombres deben ser duros y fuertes. Después de todo, «no hay moretones».

---

[108] Daniel Shaw, *Narcisismo traumático: Sistemas relacionales de subyugación* (Lima: Gradiva, 2019), 119.

[109] Peter Levine, *Healing Trauma: A Pioneering Program for Restoring the Wisdom of Your Body* (Boulder, CO: Sounds True, 2008), 30. En español: *Sanar el trauma: Un programa pionero para restaurar la sabiduría de tu cuerpo* (Madrid: Neo Person, 2012).

Mientras que el teórico del trauma Bessel van der Kolk sostiene que «el maltrato emocional... puede ser igual de devastador que el abuso físico y sexual»,[110] las mujeres y los hombres que lo sufren dentro de las iglesias pueden ser retratados como hipersensibles, propensos a la exageración, deshonestos, delirantes y, en última instancia, poco fiables. Muchos no pedirán ayuda a los pastores por miedo a una respuesta negativa. En mis muchos años tratando con clientes maltratados por cónyuges narcisistas, puedo contar con los dedos de las dos manos las veces que las iglesias han dado un paso al frente con valentía para ofrecer empatía, cuidado, seguridad y recursos.

Lamentablemente, a veces la respuesta de la iglesia solo refuerza el trauma. Levine escribe: «El trauma no es lo que sucede con nosotros, sino aquello que retenemos internamente en ausencia de un testigo empático».[111] En terapia, podemos invitar al Espíritu a ser un testigo empático, y yo a menudo invito a mis clientes a reconocer que Dios está más cerca de ellos que ellos mismos, como dijo san Agustín. El Espíritu habita con ellos, en ellos y entre los muchos fragmentos rotos de su interior, dando testimonio de la mordida del narcisismo y sosteniéndolos con compasión. Sin embargo, las víctimas del trauma luchan por experimentar cualquier tipo de intimidad segura, y aún más por encontrar intimidad con Dios.

Las cicatrices del abuso emocional son invisibles, pero no por ello menos reales. A medida que fui conociendo a Andrea, me di cuenta rápidamente de que Zak no era su primer maltratador. Él era el más reciente de una larga lista de abusadores emocionales que se remontaba a su infancia. El padre de Andrea nunca la tocó sexualmente ni la golpeó físicamente, pero la bombardeó con críticas. Nunca fue lo suficientemente buena, lo suficientemente guapa, lo suficientemente activa, lo suficientemente espiritual, lo suficientemente obediente. Su padre, un adicto en recuperación, luchó sus propias batallas con la vergüenza, e intentó

---

[110] Bessel van der Kolk, *El cuerpo lleva la cuenta: Cerebro, mente y cuerpo en la superación del trauma* (Barcelona: Editorial Eleftheria, 2015), 116.

[111] Peter Levine, *En una voz no hablada: Cómo el cuerpo se libera del trauma y restaura su bienestar* (Madrid: Gaia Ediciones, 2020), 18.

remediar su propia impotencia siendo un acosador con sus hijos.[112] Con el tiempo, Andrea comenzó a buscar chicos para satisfacer sus necesidades de afecto y amor. Encontró hombres jóvenes que le dieron una muestra de lo que necesitaba, pero que percibieron su baja autoestima, la utilizaron y manipularon. A estas alturas, había experimentado los cortes de mil cuchillos invisibles. Adormeció su dolor en la depresión, la sobrealimentación y los libros cristianos moralistas. No ayudó. Yo fui la primera persona en nombrar su abuso.

Andrea y otras personas que sufren este tipo de abuso devastador y continuo con demasiada frecuencia ven minimizado su profundo trauma por cristianos bienintencionados. Comentarios como «Bueno, al menos no fuiste abusada sexualmente» o «Dios te protegió de algo peor» solo sirven para minimizar y negar el verdadero trauma que experimentan las víctimas. Van der Kolk escribe:

> Las personas traumatizadas se sienten crónicamente inseguras dentro de su cuerpo: el pasado está vivo en forma de incomodidad interior constante. Su cuerpo se ve continuamente bombardeado por señales de alarma viscerales y, en un intento de controlar estos procesos, suelen volverse expertos en ignorar sus instintos y adormecer la conciencia de lo que está pasando en su interior. Aprenden a esconderse de sí mismos.[113]

«Aprenden a esconderse...». Es la historia de siempre.

Cuando los pastores y las iglesias niegan el impacto del abuso emocional, vuelven a traumatizar a la víctima. Cuando damos prioridad a la sospecha sobre la víctima y al respaldo del posible abusador, corremos el riesgo de causar un daño irreparable. Las víctimas pueden encerrarse en sí mismas o volver con su abusador. Pueden culparse por ser un problema.

---

[112] Para comprender la dinámica de los sistemas familiares narcisistas y su impacto en el presente, véase Stephanie Donald-Pressman y Robert Pressman, *The Narcissistic Family: Diagnosis and Treatment* (Nueva York: Jossey-Bass, 1994).

[113] Van der Kolk, *El cuerpo lleva la cuenta*, 127.

A veces, el astuto narcisista es lo suficientemente hábil a nivel espiritual como para convencer al pastor de que, aunque ha habido algunos errores, todo es muy reconciliable. Los pastores bienintencionados que quieren ser útiles pueden caer inadvertidamente en la poderosa trampa de un abusador narcisista, creyendo en sus falsas súplicas de gracia, intenciones de mejorar o expresiones de arrepentimiento. En ausencia de signos claramente visibles de abuso, el pastor podría pensar que la víctima está exagerando. O, al no comprender el impacto traumático del abuso emocional, puede prescribir soluciones provisionales: orar juntos, leer un libro cristiano sobre el matrimonio, salir por la noche, todo en un esfuerzo por ayudar.

Mi continua oración durante los últimos veinte años ha sido que los pastores, líderes de ministerios e iglesias se informen sobre el asesino silencioso del abuso emocional traumático. Es trágico que este tipo de abuso encuentre tal combustible en la iglesia.

ABUSO ESPIRITUAL TRAUMÁTICO

Hace años, me regalaron un ejemplar de *El sutil poder del abuso espiritual*, de David Johnson y Jeff VanVonderen, y un mentor me dijo con un guiño y un asentimiento que lo leyera. Publicado por primera vez en 1991, el libro llegó en un momento de transición política y rumores de guerra, de creciente atención mediática internacional a los escándalos sexuales en la Iglesia católica y a los escándalos de los televangelistas estadounidenses. El mundo se sentía un poco menos seguro. La iglesia se sentía un poco menos segura.

Johnson, pastor, y VanVonderen, terapeuta, arrojaron luz sobre la complicidad de la iglesia en una forma insidiosa de abuso emocional: el abuso espiritual. Sin poner en duda la veracidad de la antigua historia del evangelio, se atrevieron a nombrar la manipulación y la coacción espirituales, las tácticas de humillación, el control y la condena. El libro fue y sigue siendo una referencia para muchos en el ministerio, una guía esclarecedora y honesta sobre el lado siniestro de la fe. Después de leerlo, mi trabajo con clientes y feligreses cristianos nunca volvería a ser el mismo, ya que vi cicatrices grabadas por aquellos a quienes se supone que debo llamar hermanas y hermanos en la fe.

Los abusos espiritual y emocional tienen mucho en común, pero el abuso espiritual tiene un giro particularmente siniestro, ya que los principios y máximas de la fe se esgrimen como armas de mando y control, y los líderes religiosos abusan de su poder para satisfacer sus propias necesidades emocionales insatisfechas. La víctima se siente tan perpleja y confundida como alguien que ha sufrido abuso emocional, pero lo experimenta de una fuente aparentemente más autorizada: una fuente sagrada.

He visto ejemplos especialmente duros. He aconsejado a una mujer sexualmente abusada en serie por su padre y pastor mientras él recitaba oraciones sobre ella. He visto a un marido y pastor en terapia que castigaba a su esposa por no tener relaciones sexuales con él masturbándose detrás del púlpito de su iglesia. He escuchado las historias de jóvenes seducidos y abusados sexualmente por sacerdotes y pastores de jóvenes. He acompañado a un grupo de mujeres que denunciaron a un legendario misionero por años de agresión sexual.

Pero la mayor parte del abuso espiritual ocurre en situaciones aparentemente mundanas. A menudo trabajo con alguien que considera su educación cristiana como bastante corriente y normal hasta que empezamos a explorar el efecto de un sistema de creencias o la influencia de una autoridad espiritual poderosa. Debido a que tendemos a confiar implícitamente en la autoridad de la iglesia o del pastor, a menudo no cuestionamos experiencias que de hecho pueden ser vergonzosas o producir ansiedad, o ser incluso abusivas.

Una de mis antiguas alumnas descubrió esto mientras hacía su genograma para mi clase. El genograma es una herramienta para explorar la propia familia de origen; puede ser un medio poderoso para el autodescubrimiento. A través de sus entrevistas de genograma con miembros de la familia, esta estudiante comenzó a notar un patrón distintivo de vergüenza en todas las mujeres de su familia extendida. Encontró temas de subordinación a la autoridad espiritual masculina, silencio ante las críticas, batallas privadas con la depresión y resentimiento no expresado oculto bajo una apariencia de alegría espiritual. Llamó a esto "abuso espiritual generacional" y se comprometió a hacer su propio trabajo interior para poner fin al patrón generacional destructivo.

El abuso espiritual puede incluir algunas o todas las siguientes características:

- *Silenciamiento.* Se invoca la autoridad espiritual para silenciar a alguien por su género, una diferencia de opinión o una jerarquía rigurosa. Los que hablan pueden ser reprendidos y probablemente se sientan avergonzados por tener voz u opinión.
- *Moralización.* El legalismo al servicio del abuso es particularmente dañino, ya que los estrictos códigos de comportamiento o las expectativas morales se elevan por encima de la relación de confianza. La víctima interiorizará un sentimiento de vergüenza sobre quién es cuando cruce los límites artificiales de un abusador espiritual.
- *Certeza.* Se ofrece un sistema de creencias como infalible e inerrante, la única expresión válida de las Escrituras, y la buena reputación de un miembro requiere la aceptación de la totalidad del sistema de creencias. A menudo existe un tribalismo en el que la iglesia o la denominación tiene la verdad y los demás no. Si alguien se desvía o plantea preguntas, es avergonzado o marginado.
- *Experiencialismo.* Las personas más espirituales tienen las experiencias más extáticas, y las que no las tienen son cuestionadas, marginadas y se les hace sentir que no tienen suficiente fe o que no están tan bendecidas por Dios. Se las hace sentir deficientes y se preguntan por qué Dios no les da las mismas experiencias.
- *Jerarquía incuestionable.* La jerarquía en situaciones abusivas no empodera, sino que desempodera. Aquellos que no están al mando son tratados de formas que hacen que se sienten pequeños, insignificantes y poco iluminados. Algunos pueden preguntarse por qué no son lo suficientemente buenos o inteligentes como para que se les dé cierta autoridad o al menos para que se los tenga en cuenta.

Hay otras características del abuso espiritual, pero estas son bastante comunes. Y, de hecho, si está comprometido con la salud e integridad espiritual, le enfadará (y con razón) que estas sean experiencias demasiado frecuentes dentro de la iglesia.

Jesús estaba enojado por las tácticas de abuso espiritual de los fariseos. En Mateo 23, expresa su ira y lamento a través de ocho "ayes". Jesús dice que los fariseos imponen a los demás cargas que ellos mismos no están dispuestos a llevar, que sus vidas se caracterizan por la grandiosidad y el ego en lugar de la humildad, que ganan a la gente para su fe solo para esclavizarlos aún más, y que dan su dinero a su comunidad, pero descuidan los asuntos más importantes: la justicia, la misericordia, la fidelidad. Mateo 23 podría haber sido escrito hoy. Los tiempos pueden cambiar, pero las tácticas de abuso parecen reciclarse de generación en generación.

USTED NO ESTÁ LOCO

El hilo conductor de cada una de estas descripciones es una víctima que se siente avergonzada, deficiente, confusa, insegura y loca. Estas experiencias en una relación son siempre una señal de algún tipo de patrón tóxico, pero desenredar la red de la toxicidad relacional suele ser una tarea lenta y pesada. Requiere una profunda inversión en la búsqueda de la verdad, tanto en uno mismo como en la relación tóxica.

No hace mucho, una clienta me dijo que el momento más importante de nuestros tres años de terapia fue cuando le dije que no estaba loca. Probablemente se lo he dicho a docenas, si no a cientos, de víctimas. Sin embargo, ella reforzó la importancia de esas palabras en medio de su historia única de manipulación psicológica en su matrimonio.

Cualquiera que experimente una sensación de vergüenza o deficiencia debe ejercer cierta curiosidad sobre su papel y origen en su historia. En este mundo roto, cada uno de nosotros experimentará estas emociones de alguna forma, y no son un indicador inmediato de abuso. Ningún padre es perfecto. A medida que mis hijas comienzan su transición de la escuela secundaria a la universidad, soy consciente de todos los errores, pasos en falso y mensajes contradictorios que mi esposa y yo les hemos enviado. Por mucho que crea que mis hijas confían en que mi amor por ellas es real y seguro, ciertamente se han enfrentado a mi necesidad, fragilidad, ira, mal humor y ausencia emocional. He tenido que asumir estas cosas una y otra vez.

No quiero usar el lenguaje del abuso a la ligera o frívolamente. Cuando considero los efectos devastadores de hacer luz de gas y el abuso emocional/espiritual, veo la *intención* y el *impacto* como factores importantes para el discernimiento. Un buen padre cometerá errores, y luego se hará responsable de ellos, a través del arrepentimiento y una empatía y cuidado reales por un niño. Un buen pastor cometerá errores y luego los reconocerá, una vez más con arrepentimiento sincero y con una verdadera curiosidad por saber cómo ha herido a los demás. Sin embargo, los abusadores pretenden mantenerse en una posición de poder y superioridad. Su abuso es más que un lapsus momentáneo de comportamiento; es un patrón de agresión, opresión o enloquecimiento. Su intención se revela en una profunda necesidad de tener el control, de permanecer invulnerable a expensas del otro.

Y su intención se ve a menudo en el impacto que causan, especialmente con el tiempo. El comportamiento abusivo y enloquecedor confunde y desconcierta. Viola la libertad y la dignidad de otro. Tiene la intención de quebrar la voluntad del otro, y a menudo tiene éxito. Y es por eso que debemos tomar el hecho de hacer luz de gas con una seriedad mortal.

Concluyamos volviendo a la historia de Zak y Andrea. Recibí una llamada telefónica del asesor principal poco después de la evaluación. Me dijo que el comité había recomendado a Zak con la expectativa de que la agencia de apoyo ayudara a financiar la plantación de su iglesia. Me dijo: «Esperamos que ustedes, los psicólogos, sean extremos; siempre están buscando lo que está mal en lugar de lo que está bien. Dios está haciendo grandes cosas con Zak. Es un poco tosco, pero no veo nada que un buen entrenador no pueda solucionar». Abatido, colgué el teléfono y le dije a mi esposa que preferiría no volver a hacer otra evaluación para plantar iglesias.

Hoy Zak está divorciado y ya no ejerce su ministerio. Su esposa lo dejó tres años después de que la iglesia comenzara. Ella empezó a tomarse en serio sus tácticas de manipulación emocional y de hacer luz de gas, y después de varios intentos de llevarlo a terapia, le puso el dedo en la llaga y le dijo que lo dejaba. Zak pasó las semanas siguientes cuestionando la fe y la cordura de Andrea. Y entonces, un punto de inflexión.

El director del ministerio infantil de Zak y el pastor de adoración decidieron intervenir valientemente en la situación. Habían experimentado los patrones abusivos de Zak en su vida ministerial cotidiana. Ellos también se habían sentido como si fueran el problema. Pero la audaz decisión de Andrea dio lugar a conversaciones dolorosas y honestas entre ellos, con Andrea y, finalmente, con un órgano de gobierno de su iglesia. Cuando Zak se enteró, se enfureció. Puso en duda la competencia del órgano de gobierno, lo que provocó la intervención de uno de sus partidarios originales. Afortunadamente, las estructuras de responsabilidad en torno a Zak funcionaron esta vez, y se le pidió que se alejara del ministerio durante un año para resolver sus problemas personales y matrimoniales.

Zak no solo se ponía de mal humor de vez en cuando o perdía los estribos una o dos veces al año. Zak abusaba. Zak engañaba. Zak manipulaba. Zak se negaba a rendir cuentas y culpaba a otros. Sus víctimas sintieron el impacto de su patrón relacional; sintieron el mordisco del narcisismo.

Hay muchas personas que necesitan oír las palabras: «Usted no está loco/a». Y ahora es un momento tan bueno como cualquier otro para que la iglesia empiece a tomarse en serio el fenómeno de hacer luz de gas. Ay de nosotros si no lo hacemos.

RECURSOS ADICIONALES

Diane Langberg. *Suffering and the Heart of God: How Trauma Destroys and Christ Restores*. Greensboro, NC: New Growth, 2015.

Lundy Bancroft. *¿Por qué se comporta así? Comprender la mente del hombre controlador y agresivo*. Madrid: Paidós, 2017.

David Johnson y Jeff VanVonderen. *El sutil poder del abuso espiritual: Cómo reconocer y escapar de la manipulación espiritual y de la falsa autoridad dentro de la iglesia*. Grand Rapids, MI: Vida, 2010.

Wade Mullen. Investigación y redacción sobre el lenguaje del abuso, especialmente en organizaciones cristianas. https://medium.com/@wademullen.

CAPÍTULO 8

SANARNOS A NOSOTROS, SANAR A LA IGLESIA

*Bienaventurados los pobres en espíritu, porque
de ellos es el reino de los cielos.*
Jesús

Cuando Paul fue despedido de su primer puesto pastoral después de tres años, su cuerpo se sentía rígido y congelado. Contratado para ser asesorado por el pastor principal y finalmente destinado a plantar una iglesia en la ciudad a la que se sentía llamado, se sintió engañado durante tres años, impotente y exasperado en su trabajo con Bart, un pastor narcisista. ¿Se sentía Bart amenazado por él? No estaba seguro, pero escuchó rumores de que la plantación de la iglesia nunca sucedería. Cuando pidió una reunión para abordar sus preocupaciones, Bart accedió. Pero cuando se presentó, Bart estaba sentado junto a un abogado, un anciano de la iglesia que le presentó a Paul acuerdos de no divulgación y no concurrencia que tendría que firmar en el acto para recibir una indemnización por despido de tres meses. Si no firmaba, sería despedido de inmediato, y el pastor principal lo amenazó sutilmente con manchar su reputación en la red de plantación que había confirmado inicialmente sus dones. Con las manos temblorosas, Paul cogió el bolígrafo y firmó. Bart sonrió afirmativamente, le tendió la mano y dijo: «Bendiciones, hermano. Saldrás adelante».

Stacy entró a su tercer año en un seminario conservador con la esperanza de que fuera diferente. Aunque algunos hombres de su clase la apoyaban, muchos otros se mantenían firmes en sus opiniones sobre el liderazgo pastoral femenino. Uno de los profesores parecía empeñado en hacer su experiencia intolerable. El sistema en sí parecía conspirar contra su éxito, pero ella siguió adelante con la esperanza de obtener su maestría en divinidad y seguir con la ordenación. Pero todo volvió a empezar: notas anónimas en su escritorio, comentarios hostiles en clase, una nota baja en un trabajo que ella creía que merecía un sobresaliente, frases como «al menos es agradable a la vista». A medida que avanzaba el semestre, experimentaba cada día más depresión, insomnio y pánico al entrar en el edificio del seminario.

Heather se sentó con su marido Len en la oficina de su pastor, como habían hecho docenas de veces antes. Las paredes de esa oficina guardaban los secretos de un matrimonio lleno de terror: fuertes arrebatos de ira de Len, ebrio, a altas horas de la noche después de regresar de su taller en el garaje; comentarios abusivos sobre su apariencia, su cocina o la crianza de sus hijos, seguidos de promesas de que cambiaría su comportamiento o de renovados compromisos para orar y leer la Biblia con regularidad. En cada sesión, el pastor Tom animaba a Heather a perdonar y a "hacer su parte" para sanar el matrimonio. Esta vez, Len admitió avergonzado que había estado con una chica en el bar dos noches atrás, y titubeó una penosa disculpa. Heather, clara y firme, dijo: «Se acabó. Estoy harta, Len. Tienes que hacer las maletas esta noche y quedarte con tu hermano mientras yo lo soluciono». Rápidamente, el pastor Tom intervino: «Espera, Heather, no vas a echar a un hombre arrepentido. Quizá necesites evaluar tu propio corazón implacable».

Las situaciones de Paul, Stacy y Heather resultarán familiares para muchos que se han visto afectados por narcisistas o sistemas eclesiales narcisistas. En cada historia, la combinación tóxica de baja empatía y poder malsano ha infligido dolor y trauma que durarán mucho más allá del encuentro.[114] Aquellos heridos por el comportamiento de los narcisistas necesitarán cuidados de formas que no pueden darse cuenta en

---

[114] Para una visión útil de la empatía y el narcisismo, consulte Hessel Zondag, "Unconditional Giving and Unconditional Taking: Empathy and Narcissism Among Pastors", *Journal of Pastoral Care and Counseling* 61, n.° 1-2 (primavera–verano de 2007): 85-97.

ese momento, ya que los síntomas de su trauma se acumulan durante días, semanas e incluso años después.

En este capítulo, exploraremos una visión de sanación e integridad en medio del dolor y el trauma del narcisismo. Primero, veremos un camino bíblico y psicológico para la sanación. Luego, revisaremos las historias anteriores, viéndolas a través de la lente de este camino.

EL VIAJE HACIA LA SANACIÓN

Para mí, el arco narrativo del viaje del éxodo se ha convertido en un paradigma inmensamente útil para la sanación. Escribí sobre eso en mi primer libro, *Leaving Egypt: Finding God in the Wilderness Places*. Como modelo mental para el cambio, la historia del éxodo nos permite vernos a nosotros mismos, y a nuestras congregaciones, como peregrinos en un viaje de sanación. Nos invita a ver la esclavitud que nos impide prosperar. Nos invita a ser lo suficientemente valientes como para clamar a Dios. Nos invita a emprender el arriesgado viaje, huyendo de lo familiar para adentrarnos en un camino impredecible. Nos invita a tener paciencia ante un largo y sinuoso camino por el desierto. Nos invita a lamentarnos ante el dolor continuo. Nos invita a decidirnos a entrar en una nueva tierra, un lugar de florecimiento lleno de esperanza. De hecho, todas las historias de transformación nos llevan necesariamente a un viaje cruciforme (en forma de cruz), imitando la vida, muerte y resurrección de Jesús, al convertirnos en partícipes de su sufrimiento para experimentar su resurrección (Filipenses 3:10).

Cada uno de nosotros, en primer lugar, debe tomarse en serio el "Egipto" en el que vivimos. Como hemos visto, vivir bajo el dominio de un narcisista puede ser paralizante. Nos cerramos. Encontramos estrategias alternativas para sobrellevarlo. Nos culpamos a nosotros mismos. Nos resignamos a la dolorosa situación. Como el síndrome de la rana hervida, estamos en peligro inminente, pero incluso cuando el agua se calienta, racionalizamos la terrible realidad de nuestras circunstancias. Estamos creados con una extraordinaria capacidad de disociación, un don en ciertas circunstancias dolorosas, pero una sentencia de muerte para el alma a largo plazo. Como los israelitas, debemos despertar a la realidad de nuestras circunstancias, clamando bajo la carga con un anhelo de algo mejor, incluso si nos falta la imaginación para ello.

Fueron los gemidos y los gritos del pueblo de Dios los que despertaron la respuesta de rescate de Dios en la historia del éxodo (Éxodo 2:23, 24; 3:7, 8). Tenemos que tomarnos en serio el dolor, y esta historia, entre muchas otras de la Biblia, nos ofrece la esperanza de que nuestros gritos serán escuchados y atendidos. Por supuesto, para los israelitas y para nosotros, no hay una solución ni una vía rápida a través de un oscuro desierto. Dios ofrece esperanza para un día en un futuro lejano (Éxodo 3:17), despertando el anhelo y la imaginación de un lugar más espacioso de paz y prosperidad, un lugar de *shalom*.

La mayoría de las veces, gritamos cuando llegamos al límite de nuestros propios recursos, cuando ya no podemos más. Aquí es donde comienza la verdadera transformación. Jesús empieza su Sermón del Monte en este lugar:

> Bienaventurados los pobres en espíritu, porque de ellos es el reino de los cielos.
> Bienaventurados los afligidos, porque ellos recibirán consolación. (Mateo 5:3, 4)

El que sana y prospera a menudo primero toca fondo, como han enseñado los Alcohólicos Anónimos durante décadas. Los "pobres de espíritu" están al límite de sus fuerzas, y su "luto" les permite expresar en voz alta cada pena secreta, ante Dios y su comunidad, en aras de la sanación. A medida que se desarrollan las Bienaventuranzas, el viaje parece sorprendentemente similar al del éxodo. Surgen nuevos anhelos de una vida mejor y más justa (Mateo 5:6), los corazones destrozados se vuelven más completos (Mateo 5:8), se entablan conversaciones cruciales (Mateo 5:9) y surgen encuentros dolorosos a lo largo del camino (Mateo 5:10-12). Pero todo viaje de sanación comienza con el reconocimiento de que la vida en el Egipto que nos esclaviza ya no es sostenible.

Los israelitas escaparon de su terror a través del derramamiento de sangre y la plaga. Los muros se derrumbaban a su alrededor, incluso cuando Dios les allanaba el camino. ¿No es esta también la realidad de nuestras vidas? Si somos lo suficientemente valientes como para enfrentarnos a la toxina del narcisismo en nuestras relaciones e iglesias, y lo suficientemente valientes como para dejar su siniestra garra, es probable que nosotros también experimentemos la espantosa reacción del narcisista faraónico. Incluso después de escapar de su control inmediato, el control psicológico permanece. A veces nos sentiremos obligados a volver a lo familiar. Otras veces podemos quedarnos traumatizados y paralizados por el miedo al futuro. El alivio de escapar de su control inmediato suele ser efímero, ya que nos espera un doloroso camino de crecimiento y transformación.

Me llama la atención que, inmediatamente después de su huida y en un momento de incertidumbre, Dios elija bendecir a Israel, llamándolos su «especial tesoro», «gente santa» y un «reino de sacerdotes» (Éxodo 19:5, 6). En el camino de la sanación, es importante tomar en serio cómo usted ha formado su identidad en y a través de la relación con un narcisista, cómo esta relación llegó a esclavizarlo y cómo está siendo llamado a una nueva libertad e identidad. Dios pronuncia una palabra noble sobre un pueblo al que antes se llamaba esclavo. A menudo me acuerdo de lo importante que es para las víctimas traumatizadas escuchar una bendición: «Eres muy valiente», «Tu esperanza me inspira», «Te mereces mucho más».

Esta bendición es un primer sabor de la nueva vida: el *shalom* duradero. Sin embargo, solo cuando alguien se aleja del control inmediato de un narcisista se da cuenta de la profundidad de su autodesprecio y trauma. El viaje de sanación consiste en pasar del autodesprecio al amor propio, de la vergüenza a la autocompasión, de la autosuficiencia a la vulnerabilidad entregada. Y, sin embargo, la mayoría de las víctimas le dirán que el desierto se oscurece antes de aclararse. El control del narcisista ocupa un espacio psicológico. Podemos dejar Egipto, pero Egipto sigue vivo en nuestras psiques traumatizadas. El abusador narcisista puede seguir teniendo cierto poder sobre la reputación, el horario de crianza o el bienestar financiero de uno. Se derraman lágrimas de lamento por los años perdidos, la reputación perdida, la dignidad perdida, la intimidad perdida, la estabilidad vocacional perdida. El trauma, una vez congelado, puede comenzar a filtrarse en forma de rabia o vergüenza autodestructiva. Las vacilaciones de las emociones caracterizan esta temporada de desierto. Un encantador momento de paz en el oasis puede estar seguido por una visita de profunda tristeza. Es importante contar con un guía de confianza en esta temporada, un terapeuta veterano o un mentor espiritual que lo guíe a través de la noche oscura.

Al igual que Moisés trajo la ley a Israel, un guía sabio puede ofrecer orientación para el viaje. La ley no se dio solo como una guía moral, sino como un camino a seguir: *Vayan por este camino y experimentarán la bendición*. Fue una invitación al pueblo de Israel para que reorganizaran sus vidas de acuerdo con el plan de Dios para prosperar. Aquellos que han sido traumatizados se preguntan: «¿Cómo hago la vida ahora?». Cuando una iglesia comienza su proceso de recuperación de un liderazgo narcisista, a menudo es adicta a viejos patrones y necesita nuevos caminos. El nuevo camino es cruciforme, lo que requiere que muramos a todos los viejos patrones que aplastaron la vida y sabotearon la esperanza. Lesslie Newbigin escribe:

> No hay escapatoria al problema del liderazgo... El tipo de liderazgo equivocado en la iglesia ha desempeñado un papel terrible en la historia... Sin embargo, debemos insistir en que la iglesia no puede vivir su vida y cumplir el propósito de Dios para ella sin liderazgo... Todo depende del modelo de liderazgo... Jesús se levanta de rodillas y llama a sus discípulos. "Levántense, vamos", dice, y se adelanta a ellos, hacia la cruz. Ahí está el modelo de liderazgo para la iglesia.[115]

Este nuevo patrón es doloroso, un viaje a través de un desierto incierto. Cada viaje de transformación asume un patrón similar. Es esencial que hagamos el trabajo duro de erradicar la toxina sistémica interna y externa del narcisismo traumático que permanece. Una esposa puede dejar a un abusador narcisista. Una iglesia puede despedir a un pastor narcisista. Pero después de esto, comienza el verdadero trabajo.

---

[115] Lesslie Newbigin, *The Good Shepherd: Meditations on Christian Ministry in Today's World* (Grand Rapids: Eerdmans, 1977), 56-57.

Como he dicho, el trabajo que hacemos en la fase de desierto de nuestro viaje de sanación requiere el liderazgo de un guía bueno y sabio. Un terapeuta y un guía espiritual pueden proporcionar orientación personal en las semanas, meses y años de sanación personal y relacional. Un consultor organizacional puede guiar a una iglesia a través de su propio y doloroso desierto. Robert Quinn, un psicólogo organizacional laico, utiliza un lenguaje similar, diciendo que una organización debe emprender un «viaje heroico» a través de una «tierra de incertidumbre» en un camino hacia un «cambio profundo».[116] Tanto para las personas como para las organizaciones, este es un largo viaje en el que adquirimos una mayor conciencia del alcance del trauma, desenredamos dinámicas sistémicas retorcidas, sanamos heridas, nos lamentamos y volvemos a arriesgarnos a la vulnerabilidad. Con el tiempo, crecerá en nuestro interior una sensación de paz duradera. Pero debemos ser pacientes con nosotros mismos. No hay un calendario fijo para este viaje.

Finalmente, en este viaje, la tierra prometida no es un lugar mágico de alegría perpetua, sino un nuevo espacio de libertad interior y florecimiento relacional. Antes de que Jesús regrese para hacer nuevas todas las cosas, experimentamos esta libertad a trompicones. El recuerdo de Egipto se desvanece con el tiempo. Una nueva resiliencia echa raíces. La fe, la esperanza y el amor crecen en nuestro interior. Hay días que son duros, pero también hay días de una paz extraordinaria. Sentimos la cercanía de Dios. Nos sentimos inexplicablemente sostenidos. El dominio de lo viejo da paso a la gracia de lo nuevo. Quizás incluso sintamos una inclinación a perdonar.

El viaje de sanación de Paul llevó tiempo. Tras su traumático encuentro con el pastor principal y el anciano abogado, se desahogó con amigos, bebió demasiado y buscó trabajo desesperadamente. Cuando encontró un puesto en el ministerio en la misma ciudad en la que yo vivía, acudió a mí en busca de consejería. En nuestras primeras semanas de trabajo juntos, habló de síntomas como insomnio y fatiga crónica, temblores en las manos, paranoia e hipervigilancia, sentimientos de rabia,

---

[116] Robert E. Quinn, *Sabiduría para el cambio: No le tema ¡Acéptelo!* (Naucalpan de Juárez: Prentice-Hall Hispanoamericana, 1997).

pensamientos intrusivos, breves coqueteos con la autolesión, aumento de peso, abuso de alcohol, cambios de humor y discordia matrimonial. Cuando le pregunté si alguien más sabía de estas cosas, dijo: «¿Por qué iban a saberlo? Tengo que mantener la compostura. Podrían volver a despedirme». Paul ya no trabajaba para Bart ni en su antigua iglesia, pero el abuso de Bart seguía vivo en Paul. Todavía no se había liberado del impacto traumático del narcisismo en su cuerpo.

Cuando estamos traumatizados, algunos de nosotros luchamos. Y algunos huimos. Pero los teóricos del trauma nos dicen que una tercera respuesta podría ser la más tóxica para nuestras almas: la respuesta de la congelación. Inmovilizados por una situación traumática, nos cerramos, incapaces de procesar la realidad de lo que está sucediendo. Nuestra respuesta aturdida podría incluso llevarnos a un lugar disociativo, aparentemente fuera de nuestro propio cuerpo, autoprotegidos para evitar más daños. Mientras que los animales en la naturaleza tienen una capacidad asombrosa para procesar su trauma a través de medios orgánicos y corporales, la evolución humana puede en realidad funcionar en nuestra contra en este frente, ya que somos más propensos a internalizar, disociar y repudiar nuestro trauma de maneras que resultan contraproducentes, de donde emergen síntomas dolorosos y duraderos.[117]

El viaje de sanación de Paul se vio obstaculizado por sus estrategias de autoprotección y sus mecanismos de afrontamiento. Pero a medida que sus síntomas empeoraban, su esposa se enfrentó a él. Entre lágrimas, Paul me dijo que estaba terriblemente asustado, completamente solo e inseguro sobre cómo sería su vida en el futuro. Había entrado en un desierto desalentador. Empezamos a trabajar en el procesamiento de su traumática experiencia en la antigua iglesia, su miedo, su tristeza, su rabia, sus experiencias de sentirse como un niño pequeño, intimidado como lo había sido cuando tenía solo ocho años. Junto con nuestro trabajo, lo remití a un terapeuta de experiencias somáticas, un especialista capacitado para ayudar al cuerpo a procesar completamente el trauma

---

[117] Véase Peter Levine, *Sanar el trauma: Un programa pionero para restaurar la sabiduría de tu cuerpo* (Madrid: Neo Person, 2012).

congelado.[118] Los días se convirtieron en semanas y meses de trabajo juntos, y los síntomas de Paul se desvanecieron a medida que la esperanza, la resistencia y la alegría regresaban lentamente.

Stacy anhelaba ser fuerte durante su estancia en el seminario. Quería demostrarse a sí misma, a sus familiares y a sus amigos que podía triunfar en el mundo de hombres de un seminario conservador y complementarista. Había aprendido a cuidar de sí misma desde muy joven, en un hogar caótico, y había hecho el voto de no retroceder nunca ante una prueba. Pero una noche, antes de un examen de historia de la iglesia con el profesor antagonista, pensó que estaba sufriendo un ataque al corazón y fue a urgencias. En realidad, estaba sufriendo un ataque de pánico importante. La doctora de urgencias, una mujer fuerte e independiente, la derivó a un terapeuta local en quien confiaba. Y así comenzó el viaje de Stacy por el desierto.

El "Egipto" de Stacy era un sistema de seminario que oprimía, abusaba y hostigaba. Sin embargo, ella también cargaba dentro de sí el impacto esclavizante de una infancia abusiva. En cierto modo, pensaba que era lo suficientemente fuerte como para soportar esta prisión psicológica. Fue un momento doloroso cuando, con su terapeuta, confesó su miedo, su debilidad, su impotencia. Consciente del control de su prisión interior, contempló la posibilidad de abandonar la prisión exterior de su seminario, pero los sentimientos de fracaso y vergüenza se abatieron sobre ella como olas de tres metros. Con su terapeuta, decidió que lo mejor sería seguir matriculada, mientras trabajaba para superar y sanar su trauma interior hasta que se sintiera preparada para tomar la decisión de quedarse o irse desde un lugar de claridad y calma. A través de su trabajo, Stacy notó que los síntomas se relajaban mientras crecía un nuevo sentido de compasión, incluso por sus compañeros de clase y su profesor. «Qué dolor deben de sentir», dijo, «son niños pequeños que se

---

[118] Véase Mark Banschick, "Somatic Experiencing: How Trauma Can Be Overcome", *Psychology Today* (blog), 26 de marzo de 2015, www.psychologytoday.com/us/blog/the-intelligent-divorce/201503/somatic-experiencing.

han convertido en acosadores espirituales, y siento una profunda tristeza por ellos y por la iglesia».

El trauma de Heather por su matrimonio y la inútil negligencia bíblica ofrecida por su pastor la llevaron a sentir impotencia y aislamiento. Los años de soportar el abuso de Len pasaron factura. Sus hijos comenzaron a comportarse de manera problemática, lo que finalmente hizo que llevara a su hijo mayor a terapia con un veterano terapeuta matrimonial y familiar llamado Dan. A los cinco minutos de su sesión con Dan, este le dijo: «Estoy bastante preocupado por su hijo, pero estoy muy, muy preocupado por usted, Heather». Después de sus protestas iniciales de «Estoy bien» y «Estaré bien», rompió a llorar, derramando lágrimas que había contenido durante años.

Su propio trauma se manifestó en problemas digestivos, pérdida de peso, dolores de cabeza, hipervigilancia, anorexia sexual, ataques de pánico, pesadillas y un estilo de crianza sobreprotector y ansioso. Afortunadamente, Dan reconoció que los problemas de su hijo solo podían abordarse bien si se abordaban los de Heather. Aún más, Dan comenzó a establecer conexiones con la relación de Heather con su padre, otra relación abusiva que constituía el escenario perfecto para su vínculo con un marido emocionalmente inmaduro e inaccesible.

Heather emprendió su propio viaje de sanación, un viaje en el que Len se negó a participar. Ella se quedó con Len durante gran parte de este viaje, creciendo en resiliencia, autocompasión, confianza y paz. Sus síntomas disminuyeron. Su sentido de claridad creció. Y comenzó a hacer planes para su futuro, con sabiduría y reflexión. Cuando Heather estaba lo suficientemente sana y empoderada como para decirle a su esposo que quería separarse, tenía los recursos internos y externos para manejar la reacción de Len y la respuesta moralista de su iglesia.[119]

---

[119] Para una comprensión bíblica útil del divorcio y la iglesia, consulte David Instone-Brewer, *Divorce and Remarriage in the Church: Biblical Solutions for Pastoral Realities* (Downers Grove, IL: InterVarsity Press, 2003).

SANARNOS A NOSOTROS MISMOS

Una clienta me dijo una vez: «En cada año de nuestro trabajo juntos, me he tomado cada vez más en serio mi historia». Me dijo que no hubiera imaginado que pasaríamos cuatro años trabajando en lo que ella pensaba inicialmente que era una depresión estacional. Yo sospechaba desde el principio que había mucho más, pero el proceso de despertar a las profundidades del dolor y el trauma no podía acelerarse en aras de la eficacia terapéutica.

En medio del ajetreo de nuestras vidas, ¿quién de nosotros tiene tiempo o energía para explorar las profundidades de nuestras historias? Mi respuesta es: ¿quién de nosotros puede permitirse el lujo de descuidar nuestra historia? Lamento la realidad de que muchos de nosotros, incluido yo mismo, nos encontramos demasiado ocupados, demasiado habituados a las exigencias de la vida moderna, demasiado desconectados de las emociones más profundas, como para tomarnos en serio nuestras historias y embarcarnos en un viaje de sanación. De hecho, algunos sugerirán que es egoísta o incluso narcisista hacer este trabajo.

La sanación requiere una honestidad radical con nosotros mismos y el valor de seguir adelante en el camino de la naturaleza. Quizá los dos componentes más importantes de la sanación del trauma son la *conciencia* y la *intencionalidad*. Debido a que el trauma prospera en las sombras, la conciencia y la intencionalidad a menudo se descuidan para protegerse a uno mismo, desconectarse y autosabotearse. Los recuerdos pueden reprimirse, las sensaciones corporales ignorarse y los sentimientos y necesidades desatenderse. Cualquiera que se tome en serio la sanación se embarca en un viaje en el que se abordan los patrones habituales de desconexión y desprecio, y se forjan nuevos caminos.

El viaje de sanación de Heather no comenzó hasta mucho tiempo después, porque estaba casada y en un sistema eclesiástico que le exigía ignorar sus sentimientos y necesidades. Este era su Egipto. El abuso que sufrió no solo fue emocional, sino también espiritual, y su viaje de creciente conciencia y compromiso intencional la llevó a un sinfín de emociones complejas. Al principio, se mostró reacia, dudando de la realidad de sus percepciones, propensa a pensar que si tuviera más fe o fuera una esposa más devota, las cosas cambiarían. Trabajó duro para limpiar la celda de su prisión, pero fue en vano.

De hecho, muchos de nosotros elegimos el dolor predecible de nuestros propios "Egiptos" en lugar del camino arriesgado y vulnerable del desierto. Por eso es difícil emprender este viaje en solitario. Los guías sabios que han navegado por el terreno antes que nosotros pueden ayudarnos a ver nuestras estrategias, nuestros síntomas, nuestras formas de afrontarlo. Nos bendicen con sus palabras y nos sostienen en momentos de ansiedad y resignación. El terapeuta de Stacy le proporcionó un lugar seguro en un mundo de juicios y abusos. Como terapeuta y director espiritual de Paul, lo invité a renunciar a los patrones adictivos de afrontamiento y a sentir la tristeza, la vergüenza y la pérdida que le produjo su traumática experiencia con Bart. Cuando Heather se separó de Dan, se vio inundada por gente de la iglesia que quería tomar un café, supuestos amigos que le decían que «todos los matrimonios tienen problemas» o que «el Señor puede reconciliar esto» o que «tal vez estás exagerando». Su terapeuta la ayudó a compartir su historia de forma selectiva y prudente, confiando su yo más vulnerable solo a unos pocos.

Cada viaje de sanación es único. No existe una hoja de ruta clara que nombre todos los bloqueos, desvíos y obstáculos que se encuentran en el camino. Una de mis antiguas clientas solía decir al salir de mi consulta: «Solo tengo que confiar en el proceso, ¿verdad?». Ansiamos controlar y planear una travesía que solo puede desarrollarse a su propio ritmo. Ansiamos sanarnos a nosotros mismos, pero Jesús dice: «Venid a mí todos los que estáis fatigados y cargados, y yo os haré descansar» (Mateo 11:28). Al final, debemos ir. Recordemos la perspectiva de Newbigin que exploramos anteriormente en este capítulo: «Jesús se levanta de rodillas y llama a sus discípulos. "Levántense, vamos", dice, y se adelanta a ellos, hacia la cruz. Ahí está el modelo de liderazgo para la iglesia».

SANAR LA IGLESIA

La iglesia que despidió a Paul estaba dirigida por Bart, un líder narcisista que, como dijo un antiguo miembro del personal, «dejó un rastro de cadáveres a su paso». Evadiendo la responsabilidad durante años, Bart se escondió tras el exitoso crecimiento de su iglesia, lo llamativo de sus enseñanzas dominicales y una atractiva plataforma de redes sociales.

Varios años después de que Paul fuera despedido, otro antiguo miembro del personal se puso en contacto con él y le contó que Bart también había sido despedido. Se pidió a Paul que se uniera a un grupo de ocho antiguos miembros del personal en un espacio donde pudieran contar sus historias al consejo de liderazgo de la iglesia. A Paul se le llenaron los ojos de lágrimas al sentir que su historia había sido validada y experimentar la invitación a contarla de una vez por todas.

Tras el despido de Bart, el resto del equipo de pastores y líderes quedó traumatizado y asustado. No había un sucesor aparente. Bart despidió a la mayoría de los líderes con talento antes de que pudieran amenazarlo, y los que quedaron eran en su mayoría pasivos, sumisos y temerosos. El consejo de liderazgo de la iglesia tampoco estaba preparado para este momento, pero en su ansiedad acudieron a un psicólogo organizacional veterano y expastor, una sabia e importante decisión que alteró el rumbo de su iglesia.

El psicólogo organizacional puso meticulosamente orden en el caos. Como Moisés en el Sinaí, se dio cuenta de que la iglesia vivía en el caos de Egipto y necesitaba un camino a seguir, una forma de prosperar, un reordenamiento de la vida en común. Al igual que ocurre con las personas, las iglesias deben participar en un proceso de sanación con conciencia e intencionalidad. Con demasiada frecuencia, una iglesia dañada por un líder narcisista languidece en las secuelas, paralizada por la ansiedad o adicta a viejos patrones de liderazgo y relación que solo traen más desconfianza y daño. Como vimos en el capítulo seis, los sistemas infectados con la toxina del narcisismo quedan traumatizados de manera similar a las personas traumatizadas. Los sistemas pueden experimentar inmovilización, reactividad malsana y adicciones continuas a lo insalubre. Eliminar a un líder tóxico no cura un sistema infectado. Puede incluso arrojar más luz sobre lo insalubre del sistema.

La antigua iglesia de Paul fue sabia al traer a una veterana experimentada en el ministerio y en sistemas disfuncionales. Cada proceso de sanación de una iglesia es diferente, pero rara vez he visto una recuperación saludable sin un guía sabio que la acompañe y la dirija. Con demasiada frecuencia, los miembros restantes de la iglesia y los líderes se ven demasiado afectados por la dinámica del sistema para fomentar un cambio significativo. Las iglesias que anhelan sanar hacen bien en contratar a un consultor con conocimientos y experiencia. En este caso, la consultora externa llevó al consejo de liderazgo y a la iglesia a un viaje de un año en tres fases.

La primera fase fue una temporada de sinceridad. Al crear espacios para el diálogo, la psicóloga organizacional dirigió un proceso de honestidad y transparencia que condujo a conversaciones difíciles y desacuerdos significativos sobre el liderazgo de Bart y su impacto. Cultivó cuidadosamente encuentros respetuosos, incluso entre aquellos que no estaban de acuerdo, enfatizando la necesidad de escuchar y comprender en lugar de estar de acuerdo o en desacuerdo. La primera fase duró varios meses. No se realizaron cambios importantes, y la iglesia se comprometió a una temporada de simplicidad en el ministerio. Hubo momentos de dolor y lamento, salpicados por destellos de esperanza. Algunas personas impacientes abandonaron la iglesia, descontentas con el proceso o molestas porque Bart había sido despedido. Esto es de esperar. Un buen consultor es capaz de capear la incertidumbre y las tormentas que surgen durante esta temporada inicial.

Después de varios meses de autoexamen, la consultora preguntó a los líderes restantes si estaban preparados para entrar en una segunda fase, en la que reimaginarían su sentido de vocación, misión e identidad. La mayoría de los miembros restantes del personal estaba ansiosa por la siguiente fase, pero más ansiosa por tomar grandes decisiones sobre las estructuras de liderazgo y por elegir un nuevo pastor principal. La ansiedad a menudo impulsa a los equipos a procesos reactivos en lugar de reflexivos. Pero en esta siguiente fase, la consultora dirigió conversaciones intencionadas sobre sus anhelos para la iglesia y su florecimiento. El personal y los miembros del consejo de liderazgo empezaron a experimentar una confianza y conexión cada vez más profundas entre ellos a medida que compartían deseos y anhelos más grandes, a veces a través de las lágrimas. Ella señalaba las resonancias que escuchaba. Escribían estos temas en una pizarra y volvían a ellos una y otra vez para ver si surgía un consenso colectivo. La gente se sentía empoderada, emocionada y esperanzada.

Al final de la segunda fase, muchos de los que permanecieron en estas conversaciones visionarias sintieron que estaba surgiendo una fase final. La consultora les dijo que la tercera fase significaba que su tiempo de liderazgo llegaría gradualmente a su fin. Sin embargo, debido a su recién descubierta autonomía y confianza, el equipo estaba seguro de que todo iría bien, incluso sin su sabia guía de la mano. Tendrían que asumir esta próxima temporada de reestructuración, mientras gestionaban un proceso en el que contratarían a su próximo pastor principal. Juntos habían llorado un pasado doloroso. Juntos reimaginaron una visión más saludable de la vida en común para el futuro. Juntos articularon una descripción y un perfil claros para su próximo pastor. Juntos identificaron nuevos roles y estructuras de autoridad saludables dentro de la organización, esta vez elegidos por ellos y no dictados. Se empoderaron colectivamente, y su confianza mutua les permitió dar un paso valiente hacia su tarea final.

La mayoría se sorprendió por su creciente resiliencia como individuos y como equipo. En una reunión final, en la que participaron el personal y los miembros restantes del consejo de liderazgo, se tomaron un tiempo para reflexionar sobre su año, y expresaron mutua gratitud y sus reflexiones sobre lo que habían aprendido. La mayoría recordaba la ira y desesperanza que sentían un año antes, y expresaba su agradecimiento por el hecho de que un viaje a través de un desierto lleno de dolor los había llevado a una esperanza y confianza crecientes. Algunos expresaron lo que veían crecer en los demás, incluyendo dones nunca vistos y una confianza emergente que inspiraba al equipo.

El trabajo que habían realizado garantizaba que el próximo pastor sería un líder saludable y colaborador, y a él fue a quien contrataron. Gracias a su diligente trabajo, fueron capaces de superar la tormenta de la transición de liderazgo. Es más, fueron capaces de morir a los viejos y malsanos patrones de vida juntos y descubrir otros nuevos y saludables. La propia iglesia cambió de manera notable, lo que llevó a decenas, si no cientos, a irse. Pero los que se quedaron estaban profundamente comprometidos con lo que estaba surgiendo, y habían madurado a través de la temporada en el desierto.

El camino hacia la sanación no es indoloro, ni para las personas ni para las congregaciones. Las curitas o tiritas pueden detener temporalmente la hemorragia, pero aquellos que invierten en un cambio real abordarán el trauma de forma intencionada y buscarán guías sabios que los dirijan en el camino.

RECURSOS ADICIONALES

Robert Quinn. *Sabiduría para el cambio: No le tema ¡Acéptelo!* Naucalpan de Juárez: Prentice-Hall Hispanoamericana, 1997.

Chuck DeGroat. *Leaving Egypt: Finding God in the Wilderness Places.* Grand Rapids: Faith Alive Christian Resources, 2011.

Jim Herrington y Trisha Taylor. *Learning Change: Congregational Transformation Fueled by Personal Renewal.* Grand Rapids: Kregel, 2017.

CAPÍTULO 9

LA TRANSFORMACIÓN DE LOS NARCISISTAS (ES POSIBLE)

La verdadera paz llegará solo cuando cada individuo encuentre la paz dentro de sí mismo, cuando todos hayamos vencido y transformado nuestro odio por nuestros semejantes en amor algún día.
Etty Hillesum

Una de las cosas más difíciles de escribir un libro sobre el narcisismo y, por lo tanto, sobre los narcisistas, es la reducción de un alma humana a una etiqueta. En este libro y en mis escritos anteriores, he tratado de honrar la complejidad de los seres humanos. A menudo he dicho que cada uno de nosotros es a la vez hermoso *y* quebrantado, que se esconde *y* está escondido en Cristo, que es conocible *y* completamente misterioso. El difunto filósofo y poeta John O'Donohue pinta un hermoso cuadro de este misterio:

Hay un deseo en muchas personas del mundo moderno de verse a sí mismas con claridad. Pero si las escuchas, entre los clichés psicológicos y la charla de falsa intimidad, lo que ven es una cierta imagen limitada que han proyectado y excavado en parte, pero que está terriblemente limitada en proporción a la vasta inmensidad que realmente hay dentro de ellos.[120]

---

[120] John O'Donohue, *The Inner Landscape*, grabación de audio (Boulder, CO: Sounds True, 1997).

Las palabras de O'Donohue son aleccionadoras porque incluso los más egocéntricos de nosotros solo vemos a través de un espejo con poca claridad. Aunque podamos definir y categorizar nuestras patologías, nuestros hábitos del eneagrama o nuestros tipos del indicador Myers-Briggs, seguimos ciegos ante espacios significativos en nuestra alma.

O'Donohue me recuerda que, si bien hay arrogancia y certeza en los patrones habituales de un narcisista, también hay arrogancia al suponer que una definición patológica dice todo lo que hay que decir sobre alguien. También insinúa una de las claves de la transformación: despertar a la extraordinaria realidad de que usted es más que su diagnóstico, más que su adicción, más que su tipo de personalidad, más que una definición psicológica.

Pero me gustan las definiciones. Me gustan las categorías. Me dan una sensación de control. Cuando un estudiante me dice que es un eneatipo uno, me susurro a mí mismo: «Por eso es tan perfeccionista». Cuando una clienta me dice que su psiquiatra le diagnosticó trastorno bipolar, pienso: «Oh, bien. Ahora sabemos lo que realmente está pasando». Confieso que es más fácil tener una casilla en la que meter a alguien o una etiqueta con la que definirlo.

Me gustan las definiciones porque estoy ocupado y no tengo tiempo para recorrer el extenso territorio del alma. Son especialmente útiles en mi mundo ajetreado y ansioso, donde necesito ser eficiente, donde adentrarse en la "vasta inmensidad" de O'Donohue resulta demasiado complicado y requiere demasiado tiempo.

Me gustan las definiciones porque me dan una sensación de poder. Si ha maltratado a su cónyuge, manipulado a sus amigos, mentido para encubrirlo y sonreído durante todo el proceso, me ayuda poder etiquetarlo como narcisista. Lo confieso, como debería hacer todo terapeuta, porque no somos robots sin pasión. Nos enfadamos. Nos enfurecemos ante la injusticia. Y nuestra habilidad para etiquetar nos proporciona una necesaria sensación de poder.

Me gustan las definiciones porque soy una persona que arregla las cosas. Aunque en estas páginas digo que el alma es vasta y compleja, y aunque creo firmemente que el verdadero tesoro y el verdadero dolor de cada uno de nosotros existe bajo la misteriosa línea de flotación, en secreto quiero intervenir y arreglar todo. En secreto creo que, si sé lo que está mal, puedo resolver el problema.

Me gustan las definiciones porque vivir en binarios es más fácil. Es más fácil dividir el mundo en bueno y malo, redimido y no redimido, justo e injusto, víctima y abusador. Sin embargo, como dijo maravillosamente el padre del desierto Macario en el siglo IV:

> Dentro del corazón hay un abismo insondable, hay salas de recepción y habitaciones, puertas y porches, y muchos pasillos; en él están la justicia y la maldad. El corazón es el palacio de Cristo: allí Cristo Rey viene a tomar su descanso, con los ángeles. Él mora allí, caminando dentro de él y colocando su reino allí. El corazón no es más que un pequeño recipiente y, sin embargo, hay dragones y leones, y criaturas venenosas y todos los tesoros de la maldad; hay lugares ásperos y desiguales, y abismos abiertos. Allí también está Dios, están los ángeles, están la vida y el reino, están la luz y los apóstoles, las ciudades celestiales y los tesoros de la gracia. Todas las cosas están allí.[121]

Somos complejos, una vasta inmensidad, un misterio para nosotros mismos, conocidos solo y en última instancia por un Dios, que parece intrépido ante nuestra complejidad, capaz de amar a todos y cada uno de nosotros en nuestra belleza y quebranto. Y, por eso, puedo creer que alguien que ha sido diagnosticado de narcisismo es también alguien visto y conocido en su profundidad por un Dios que se niega a reducir a nadie a una etiqueta, que se enfrenta al pecado con total seriedad y ofrece gracia con total generosidad.

Así que cada vez que me siento con alguien narcisista, confieso. Me recuerdo a mí mismo que es alguien que ha hecho mucho daño a los demás *y* que está creado a imagen de Dios. Confieso mi necesidad de

---

[121] Macario, *Homily XV, The Art of Prayer: An Orthodox Anthology*, editado por Igumen Chariton of Valemo (Londres: Faber and Faber, 1966), 18. En español, véase: *Cincuenta homilías espirituales atribuidas a Macario el Grande* (Salamanca: Ediciones Sígueme, 2020)].

definir y controlar, y pido ojos para ver y oídos para escuchar una historia mucho más grande, y para creer en una redención mucho mayor.

Esto comenzó para mí a principios de la década de 2000, cuando asesoraba a Shane. El terapeuta anterior de Shane lo confrontó con sus patrones narcisistas. Durante el tiempo que estuvieron en terapia, su esposa, Gretchen, nombró valientemente su arrogancia, abuso emocional, juego sucio financiero y otros patrones relacionales dañinos. Pero algo extraño sucedió durante esta temporada. Durante una de sus sesiones, el terapeuta sacó una Biblia, la sostuvo en alto en una demostración dramática y miró directamente a Gretchen diciendo: «Él es la definición de un hombre malvado, un hombre sin esperanza. Los hombres malvados no cambian». Al oír esto, Gretchen rompió a llorar desconsoladamente. Shane miró al suelo, como un hombre sentenciado y condenado. Cuando salieron de la sesión, Gretchen se marchó y le dijo a Shane: «Si no hay esperanza y no puedes cambiar, quiero el divorcio». Shane hervía de rabia silenciosa, apretaba los dientes, sacudía la cabeza con incredulidad, resignado ante su sentencia.

¿Es el veredicto final sobre Shane que «los hombres malvados no cambian»? ¿O hay esperanza? Un camino de transformación requiere que honremos las sabias palabras de O'Donohue mientras definimos una realidad y reconocemos que la definición no representa todo lo que Shane es. Cuando Shane vino a verme para recibir asesoramiento, estaba ansioso y reticente, a la defensiva e inflexible, esperando mi juicio. Estaba seguro de que no era un narcisista y estaba allí para demostrarlo. Así que probé algo con él que no estaba seguro de que funcionara. Le pregunté si estaría dispuesto a explorar la posibilidad de que sus patrones relacionales fueran narcisistas y dañinos, asegurándole que no consideraría esto como la palabra final sobre su carácter y su persona. Parecía sorprendido, sentado en silencio. Luego, después de uno o dos minutos, y entre lágrimas, dijo: «Trato hecho».

LA GRAN OFERTA

¿Recuerda el antiguo programa de televisión *Trato Hecho*, presentado por Monte Hall? Los concursantes podían elegir una de tres cortinas, con la posibilidad de que una revelara un gran premio y otra un premio de consolación tonto. A veces, Hall ofrecía la oportunidad de ganar premios más pequeños con mayores probabilidades, lo que incitaba a los concursantes a elegir entre lo bueno y lo mejor.

Es el juego de la vida. Todos elegimos de muchas maneras. ¿Quiero ir al gimnasio por la ruta más confiable o por la más rápida de la Calle 30, con el riesgo de que me retrase un tren? ¿Elegiré la opción segura de la hamburguesa en la cervecería o me arriesgaré con el "especial" de hoy?

Como he asesorado a hombres y mujeres diagnosticados como narcisistas, he descubierto que este enfoque es un camino útil en nuestro trabajo. Ha habido ocasiones en las que he jugado rudo, asumiendo el papel del terapeuta duro y conflictivo. Ha habido ocasiones en las que he jugado al policía bueno, haciéndome amigo de ellos en un intento de ganarme su confianza. Mis ingenuos intentos de abrirme camino han ayudado en ocasiones, pero a menudo me he topado con callejones sin salida. He aprendido que la honestidad es mejor que cualquier postura terapéutica.

A lo largo de los años, hacer este trabajo también me ha curado de mi postura binaria hacia seres humanos complejos. En mi libro *Wholeheartedness*, introduzco un paradigma terapéutico llamado "sistemas de familia interna" (IFS, por sus siglas en inglés), que valora la complejidad humana y proporciona un camino para hacer un trabajo transformador.[122] IFS postula que cada uno de nosotros es a la vez un yo y varios yoes, que un yo verdadero central también va acompañado de una serie de yoes más pequeños, que son partes de nosotros que pueden protegernos, hacer frente a la adicción, ocultar, guardar vergüenza o actuar de forma juguetona. Es un paradigma que se remonta a la sabiduría de Macario y nos recuerda que hay cámaras en nuestro ser que albergan belleza y dolor, dragones y princesas, ángeles y demonios.

Cuando empecé a trabajar con Shane, todavía no tenía este paradigma. Pero tenía una intuición. Romanos 7 se colaba en el fondo de mi mente:

---

[122] Visite el sitio web oficial del IFS Institute en https://info.ifs-institute.com/es-es/opt-in para obtener más información.

Porque no comprendo mi proceder; pues no pongo por obra lo que quiero, sino que lo que aborrezco, eso es lo que hago. Y si lo que no quiero, eso es lo que hago, estoy de acuerdo con la ley, de que es buena. De manera que ya no soy yo quien obra aquello, sino el pecado que mora en mí. Porque yo sé que en mí, esto es, en mi carne, no mora el bien; porque el querer el bien lo tengo a mi alcance, pero no el hacerlo. Porque no hago el bien que quiero, sino el mal que no quiero, eso es lo que pongo por obra. Y si lo que no quiero, eso es lo que hago, ya no lo obro yo, sino el pecado que mora en mí. (Romanos 7:15-20)

Quería creer que el narcisismo de Shane no era lo que lo definía, pero tampoco quería dejarlo escapar.

Algo parecido a este tipo de "trato" ocurre en la novela de Susan Howatch, *Imágenes resplandecientes*. En la historia, Charles Ashworth es un sacerdote anglicano y teólogo canónico en conflicto que se reúne con Jon Darrow, un entusiasta director espiritual que se enfrenta al falso yo de Ashworth, lo que él llama su "imagen resplandeciente". Darrow hace algo extraordinario. Habla directamente a la parte "resplandeciente" de Ashworth, diciendo:

«Debe de estar agotado. ¿Nunca ha tenido la tentación de desahogarse contándoselo a alguien?».

«Yo no puedo», responde Ashworth.

«¿Quién es "yo"?», dice Darrow.

«La imagen resplandeciente».

«Ah, sí», dijo Darrow, «y, por supuesto, ese es el único Charles Ashworth que el mundo puede ver, pero ahora usted está fuera del mundo, ¿verdad? Y yo soy diferente de los demás porque sé que hay dos de ustedes. Me estoy interesando por este otro yo suyo, el yo que nadie conoce. Me gustaría ayudarlo a salir de detrás de esa imagen resplandeciente y a dejar de lado esta carga espantosa que lo ha estado atormentando durante tanto tiempo».

«No puede salir».

«¿Por qué no?»

«No le gustaría ni lo aprobaría».

«Charles, cuando un viajero avanza con dificultad cargando con una cantidad de equipaje que le rompe la espalda, no necesita que alguien le dé una palmadita en la espalda y le diga lo maravilloso que es. Necesita a alguien que se ofrezca a compartir la carga».[123]

Me encanta este intercambio porque Darrow, el sabio director espiritual, se niega a creer que Ashworth es la suma de sus rasgos narcisistas. De la misma manera, le presenté a Shane una tercera vía, más allá de la confrontación y la connivencia. Le ofrecí una especie de trato. Le pedí que confiara en mí para abordar los aspectos más tóxicos de su personalidad y, al mismo tiempo, que creyera lo mejor de él. Le dije que no haría ni podría hacer este trabajo a menos que creyera que hay bondad y belleza en lo más profundo de cada alma, que no sondearía las profundidades si no pensara que encontraría un tesoro. Shane se relajó un poco, lo suficiente para que pudiéramos empezar. Creo que secretamente esperaba que pudiéramos encontrar algo de ese tesoro ilusorio.

Esta "tercera vía" ha sido uno de los caminos de transformación más útiles y esperanzadores entre aquellos con los que he trabajado. No exculpa ni condena. Contiene tanto belleza como quebranto. Admite complejidad. Invita a la curiosidad.

MOVERSE EN BLANCOS O EN NEGROS

Shane fue uno de los clientes narcisistas más dispuestos y cooperativos que he visto. No voy a fingir afirmando que todos los casos proceden de manera tan colaborativa. Los narcisistas están atrapados en una esclavitud psíquica, un fenómeno que los psicólogos llaman "escisión"[124]: una incapacidad para integrar la sombra y la luz, el bien y el mal, la belleza y

---

[123] Susan Howatch, *Glittering Images* (Nueva York: Ballantine, 1987), 224. En español: *Imágenes resplandecientes* (Buenos Aires: Emecé Editores, 1989).

[124] *N. del T.*: en inglés, *splitting*.

la fragilidad.[125] A menudo están tan protegidos contra los aspectos oscuros de su ser que viven de una versión irreal e idealizada de sí mismos que proyectan en el mundo. Esto lleva a algunos expertos en psicología a la conclusión de que el TPN es tratable, pero no curable, y a algunos cristianos a la conclusión de que el narcisismo es simplemente maldad.

Creo que esto es lamentable. Sin duda, las heridas psíquicas de alguien con TPN son profundas y su coraza es gruesa, pero estoy profundamente convencido de que, incluso en la persona mejor defendida, hay luz, gloria, dignidad y belleza: la imagen de Dios.

Esta actitud defensiva es el gran obstáculo para la transformación. Para Shane y otros como él, el cambio no es una simple cuestión de estética: un encubrimiento en forma de arrepentimiento superficial, una promesa vacía de mejorar, una versión de falsa vulnerabilidad. La transformación requiere un viaje hacia el interior, hacia las profundidades, donde acechan tanto demonios como ángeles. La escisión nos aísla de la posibilidad de una exploración profunda.

El niño bueno y el niño malo que llevamos dentro necesitan hacerse amigos. Nunca somos uno u otro, sino siempre una misteriosa mezcla de ambos. Si vivo ingenuamente ajeno a mi lado oscuro, vivo desconectado de un vasto almacén de riquezas que solo pueden descubrirse cuando me hago amigo de mi vergüenza, mi soledad, mis decepciones, mis hábitos adictivos, mis resentimientos secretos, mi rabia oculta.

No tengo un TPN diagnosticable, pero aun así, cuando me iniciaron en el trabajo interior, mi miedo a que me "descubrieran" me impidió implicarme por completo. La narrativa positiva que estaba escribiendo para mí mismo era la de un joven seminarista que obtenía las mejores notas, invitaciones para seguir estudiando en el extranjero y emocionantes oportunidades para ejercer el ministerio a nivel internacional. El futuro parecía realmente bueno. Y entonces sentí que el trabajo psicológico que se me pedía hacer amenazaba a mi "buen chico" interior, incluyendo mi buena reputación entre compañeros y colegas y la

---

[125] P. J. Watson y Michael D. Biderman, "Narcissistic Personality Inventory Factors, Splitting, and Self-Consciousness", *Journal of Personality Assessment* 61 (1993): 41-57.

promesa de éxito en el ministerio. ¿Y si lo que descubría amenazaba mi buena reputación?

En realidad, mi desconocimiento me dejó ciego ante los efectos reales de mis acciones. Aunque mi narrativa interior era positiva, pronto descubrí que mis compañeras en el seminario me consideraban arrogante y desdeñoso. Mi esposa me consideraba malhumorado y emocionalmente manipulador. En otras palabras, mi lado oscuro inexplorado estaba encontrando una salida, a pesar de mi represión defensiva. Y mi propia imagen narcisista se vio afectada cuando descubrí mi impacto negativo en los demás. Tenía que tomar una decisión.

En realidad, todos tenemos que tomar una decisión. La escisión es un fenómeno común. Las personas más sanas entre nosotros simplemente son conscientes de que lo están haciendo, y su conciencia les permite mantener lo bueno, lo malo y lo feo ante Dios en una postura de humilde rendición, dolor y arrepentimiento. Para un narcisista, el verdadero trabajo transformador comienza cuando entra en la conversación interior en serio. Tal conversación abre la posibilidad de una honestidad radical tanto consigo mismo como con aquellos que experimentan el mordisco del narcisismo.

¿CUÁL ES SU OPINIÓN DE MÍ?

Cuando enseño sobre la dinámica del cambio y la maduración reales, a menudo describo un "horno de transformación" por el que cada uno de nosotros debe pasar en aras del crecimiento y el refinamiento. Nunca he visto que se produzca un crecimiento real sin sufrimiento, humillación, decepción y dolor. El camino de la transformación es el camino de la cruz, un viaje en el que nuestros sufrimientos abren el camino a la resurrección (Filipenses 3:7-11).

A menudo se necesita un encuentro relacional honesto y a veces doloroso para impulsar este viaje transformador. Un pastor llamado Mark descubrió esto en un ejercicio que hicimos con su personal. El narcisismo de Mark creó un sistema organizativo de la iglesia lleno de ansiedad, resentimiento y bastante terror. Cuando mi buen amigo y yo fuimos llamados por la exasperada junta de ancianos de Mark para una consulta, vimos en él un pastor cuya conciencia de sí mismo era extremadamente baja. Aunque era carismático, elocuente y tenía unos treinta y tantos años, tenía poca idea de su impacto en los demás. Su iglesia había crecido rápidamente y, a medida que lo hacía, había contratado personal a un ritmo frenético, pero nunca había dirigido un equipo de trabajo, ni siquiera de unas pocas personas. Estaba tan aterrorizado de que se descubriera su incompetencia que en un momento dado amenazó con renunciar si los ancianos buscaban asesoramiento externo.

Pero no se rindió. En una llamada telefónica, compartí con él mi perspectiva. Le dije: «Mark, es obvio que tiene talento. Pero tengo la sensación de que hay un usted que muy pocos conocen, una parte escondida detrás del yo pulido que habla todos los domingos por la mañana, una parte que a veces se siente sola, y tal vez en otras ocasiones abrumada». Su curiosidad creció en esta conversación, ya que se arriesgó a creer que yo podría estar realmente *a favor de* él.

Y luego le pregunté si estaría dispuesto a hacer algo realmente difícil: «Mark, ¿estaría dispuesto a sentarse conmigo a solas con algunos de sus altos directivos y hacer una pregunta difícil?».

Él escuchó con curiosidad.

Y entonces empezó a negociar las reglas del enfrentamiento.

Después de unos minutos, le dije: «Mark, ¡esto no es un juicio! Es simplemente un acto de humildad. Lo invito a que haga una pregunta: ¿cuál es su opinión de mí?».

Discutió y se retorció, preguntándose si sería capaz de responder después de que hablaran y sintiendo curiosidad por saber qué haría yo con la información. Estaba escindido, defendiendo al chico bueno a toda costa, y tal vez aterrorizado por lo que podría suceder dentro y en medio de su personal si se atrevía a abrir una conversación con el chico malo que llevaba dentro. Al final, accedió de mala gana, probablemente porque su trabajo y su reputación pública podrían haber estado en peligro si se resistía al proceso impuesto por el anciano.

Debido a esta amenaza externa y vocacional, me preocupaba que Mark no estuviera lo suficientemente relajado y rendido como para participar humildemente en el proceso. Pero seguimos adelante. Los miembros del personal se presentaron ante él uno por uno y él les preguntó: «¿Cuál es su opinión de mí?». Y cada vez, escuchó relatos sorprendentemente similares.

Impredecible. Enfadado. Exigente. Talentoso. Inspirador. Confuso. Arrogante. A la defensiva. Visionario. Arriesgado. Esperanzador. Exasperante. Poco realista. Frenético. Enérgico. Atemorizante.

El espejo se mantuvo frente a Mark, y a medida que pasaba cada miembro del personal, el espíritu de Mark se volvía más pesado y sobrio. A veces, intentaba disculparse. Otras veces, quería responder a la defensiva, pero se mordía la lengua. Al final, nos sentamos durante una hora para hacer un resumen. Le pregunté: «¿Y si todas esas cosas son usted? ¿Y si es usted talentoso *e* hiriente, inspirador *y* atemorizante?».

El momento más importante en el horno llegó cuando me senté con Mark y su esposa, Shawna. Ella era la abanderada, una incondicional defensora de su marido, a menudo maltratado y difamado. Presentí que la honesta participación de Shawna en este proceso podría hacer que el asunto saliera adelante o fracasara. A menudo, cuando un cónyuge defiende el falso yo narcisista con la misma ferocidad que el propio narcisista, hay pocas posibilidades de recorrer el camino de la transformación.

Pero Shawna se atrevió a estar de acuerdo con la valoración de los compañeros de trabajo de Mark. Entre lágrimas, dijo que estaba aterrorizada de hacerlo. De hecho, dijo algo que avivó aún más el fuego del horno. Dijo: «Mark, me da miedo que te mates por esto». Resulta que Shawna había vivido sus nueve años de matrimonio protegiendo el frágil falso yo de Mark debido a su miedo a sus problemas de depresión, adicción y autodesprecio. Apostaba por el éxito de Mark como una forma de mantenerlo protegido de su lado oscuro.

Él la miró con disgusto y rabia. Ella había revelado un secreto que él prefería mantener encerrado en su interior. Y ella lo miró, sacudiendo la cabeza, y dijo: «Te amo. No me voy a ninguna parte». Ambos rompieron a llorar al mismo tiempo, abrazados, y las lágrimas también me corrían por la cara. El viaje transformador de Mark acababa de comenzar. Se había enfrentado a la pregunta más difícil que jamás había tenido que responder: ¿cuál es su opinión de mí?

LA REVELACIÓN LENTA

Me encantan los programas de reformas del hogar con "grandes revelaciones". Todo empezó con un programa de hace muchos años: *Trading Spaces*.[126] Y luego vinieron *Extreme Makeover: Home Edition*,[127] *Love it or List it*,[128] *Fixer Upper* y más. No los veo religiosamente, pero admito que me fascinan las historias de reformas. A veces, las transformaciones me conmueven hasta las lágrimas. En el mejor de los casos, estos programas cuentan historias de quebrantamiento y belleza.

Al trabajar con narcisistas, no se me ofrecen "grandes revelaciones"; lo que sí experimento es lo que yo llamo la "revelación lenta". Las historias de transformación no pueden comprimirse en programas de media hora ni cocinarse en microondas psicológicos. La autorrevelación no se completa después de un momento de revelación ante un terapeuta. Tampoco después de un buen llanto o abrazos de amor y perdón.

Esto me vino a la mente recientemente cuando recibí una carta de un hombre al que asesoré en Orlando. Mi trayectoria en el ministerio me ha llevado de Orlando a San Francisco y a Holland, Míchigan, y tengo un montón de recuerdos de reuniones en oficinas, cafeterías y salas de estar en cada uno de estos lugares. Así que cuando vi el nombre de este hombre recordé claramente la oficina en la que nos reunimos, la encantadora estética de la habitación, las luces tenues y las brutales primeras reuniones que tuvimos.

Yo había sido un joven terapeuta. En mi ansiedad, mi enfoque había sido más conflictivo, y él se defendió bien. Lamentablemente, no lo ayudé mucho, excepto que «ningún hombre se ha atrevido a decir las cosas difíciles que usted dijo aquel invierno que trabajamos juntos», como escribió. Me conmovió oírle volver a narrar una situación que

---

[126] *N. del E.*: en Hispanoamérica, *Mi casa, tu casa*.

[127] *N. del E.*: en Hispanoamérica, *Extreme Makeover: Reconstrucción total*; en España, *Esta Casa Era Una Ruina*.

[128] *N. del E.*: en Hispanoamérica, *Vívala o Véndala*; en España, *Tu casa a juicio*.

recordaba como un fracaso personal. También me conmovió el relato de su siguiente década de trabajo.

Estaba leyendo blogs que yo había escrito sobre el narcisismo y vio aspectos de sí mismo en algunas de las historias que ofrecía. Me escribió para decirme que había esperanza, que él mismo era un ejemplo de esperanza. Habló de un proceso "terriblemente lento", que lo obligó a dejar de lado el ministerio y renunciar a su ordenación en la denominación en la que había sido ordenado por primera vez. Compartió la humillación de trabajar a tiempo parcial por la ciudad y ver a antiguos feligreses que se preguntaban por qué había desaparecido. Habló del duro trabajo que él y su esposa estaban haciendo en consejería y señaló que ella había tardado años en volver a confiar e incluso en volver a dormir en la misma cama. Ahora estaba empezando el proceso de reincorporarse al ministerio pastoral.

La suya fue una revelación lenta.

De hecho, todo viaje transformador es un camino largo y sinuoso por un terreno salvaje.

Sin embargo, con demasiada frecuencia veo a mujeres y hombres a los que asesoro que se resisten a esto, saboteando la posibilidad de crecimiento al volver a los viejos y desgastados patrones que parecían funcionar antes. Un pastor con el que trabajé dijo: «Simplemente no puedo permitirme una temporada de humillación». Bien protegido, se arriesgó, con la esperanza de poder sobrevivir a las preguntas que se planteaban sobre su liderazgo y su carácter.

Hay varias razones para esta resistencia. Hay factores externos. Si ella hace el trabajo duro de la transformación lenta, puede perder prestigio en su comunidad, perder el contrato del libro, arriesgarse a perder seguidores leales o convertirse en blanco de sospechas o juicios. En mi trabajo, los factores externos pueden ser obstáculos muy poderosos para un compromiso honesto. A veces, una facción de seguidores devotos promete su lealtad de una manera que proporciona el combustible necesario para resistir. A veces, un cónyuge leal y cómplice puede obstaculizar la autorrevelación de un narcisista. A veces, los equipos de liderazgo de la iglesia protegen al narcisista por miedo a lo que podría pasar si se perdiera su liderazgo.

Sin embargo, los factores internos son aún más poderosos. Los narcisistas tienen partes de sí mismos bien defendidas que simplemente se niegan a entregar. En una sola sesión de terapia, puedo ver a menudo los sutiles cambios en un cliente a medida que negocia el costo de la rendición. Pienso en una mujer cuyos ojos eran suaves y llorosos mientras hablábamos de lo frágil y vulnerable que se sentía de niña. En esos pocos momentos, me ofreció el más raro atisbo de una parte de ella que pocos habían visto o conocido. Pero en unos momentos, apretó la mandíbula, sus ojos se vidriaron de ira y me miró como si fuera su agresor. La rendición se había convertido en sospecha, y sentí que la esperanza se desvanecía cuando se comprometió de nuevo a no dejar nunca, nunca, que nadie se acercara y le hiciera daño de nuevo. Incluso hoy en día, muchos la siguen viendo como una acosadora. ¿Qué le pasó a esa niña dulce y vulnerable que requería una autoprotección tan importante?

Estas resistencias internas son parte de una fortaleza psíquica que protege contra más abusos, abandono, rechazo o humillación. Un niño pequeño acosado y destrozado llamado Adolf se convierte en un terrorista despiadado. Esto no es una excusa ni una razón para dejar libre a un dictador brutal como Hitler, o incluso a un pastor acosador. De hecho, pone aún más de relieve los extraordinarios obstáculos para la transformación y aumenta las apuestas para aquellos de nosotros que anhelamos ser agentes tanto de la justicia como de la sanación. Estamos trabajando contra resistencias externas e internas que conspiran para sabotear el arrepentimiento y la sanación, por lo que nuestro enfoque debe ser sabio.

Mi vacilación inicial entre los enfoques combativo y pasivo solo sirvió para reforzar las resistencias de mis clientes. En realidad, yo quería un enfoque que diera resultado, en lugar de entrar sabiamente en un proceso de crecimiento lento que podría desarrollarse a trompicones. Estaba muy ansioso por simplificar demasiado las cosas. No estaba preparado ni equipado para entrar en la larga y ardua batalla por la libertad del alma.

La lenta revelación se manifiesta a lo largo de años en lugar de días, en medio de resistencia y sabotaje. Aquellos que trabajan con narcisistas y esperan una transformación deben estar preparados para soportar pérdidas en pequeñas batallas en aras de una guerra más grande por el alma. Y aunque no me gusta la imagen del combate como metáfora, creo que es apropiada, dada la guerra interna dentro de la psique conflictiva de un narcisista. De hecho, tengo que estar preparado para perder en el camino. Como terapeuta, amigo o cónyuge, debo estar preparado para grandes decepciones y ser consciente de que la desesperanza y la resignación surgirán en mí una y otra vez. Si estamos comprometidos con el proceso de transformación, se nos exigirá una paciencia extraordinaria.

LA ÚNICA SOLUCIÓN

A menudo me preguntan cómo puedo hacer este trabajo y por qué quiero hacerlo. La respuesta es simple: soy un glotón de historias de redención. Algo en mí se niega a renunciar a ningún ser humano. Por un lado, experimento disgusto por el dolor que infligen los narcisistas, a veces de maneras que causan un daño significativo a las almas de los demás. Yo mismo lo he experimentado. Mi propio sustento y reputación se vieron amenazados. Caí en depresión y ansiedad severa. Deseaba vengarme. Había días en los que la rabia se sentía como mi mejor amiga.

Pero con el tiempo, y sin ninguna coacción, surgió en mí un creciente sentimiento de compasión. Ya no sentía la necesidad de ocultar mi dolor bajo la etiqueta de víctima. Empecé a ver a quien me hacía daño como alguien que estaba herido. Curiosamente, esto se manifestó en una etapa de mi propia terapia en la que empecé a abrirme a mi propia complejidad interior, a mis propios dragones oscuros acechando en las sombras. De alguna manera, abrirme a mis propias contradicciones dejó espacio para las contradicciones de los demás. Mi propia revelación lenta permitió una creciente compasión por el otro.

Me inspira Etty Hillesum, la judía holandesa cuyo viaje de sanidad interior le permitió convertirse en una mujer generosa y hospitalaria. Aunque tuvo la oportunidad de escapar de Auschwitz, eligió la solidaridad con su familia y amigos, y finalmente fue asesinada durante la terrible extinción masiva de vidas que sufrieron tantos en esa época brutal. Se acercó al sufrimiento porque ya no vivía en un universo de «yo soy bueno, tú eres malo»: había conocido a sus propios ángeles y demonios, dragones y princesas interiores. La autocompasión la llevó a la compasión por los demás, incluidos sus captores.

En su diario, Etty escribió: «Si usted tiene una vida interior rica... probablemente no haya tanta diferencia entre el interior y el exterior de un campo».[129] Muestra una capacidad extraordinaria para permitir que un sentido interior de identidad y seguridad en Dios determine su actitud hacia todo lo que surge, tanto dentro como fuera de ella. Aún más, dice: «La verdadera paz llegará solo cuando cada individuo encuentre la paz dentro de sí mismo... cuando todos hayamos vencido y transformado nuestro odio por nuestros semejantes en amor algún día. Quizá sea pedir demasiado, pero es, sin embargo, la única solución».[130] En este fascinante juego de palabras, propone el amor como la "única solución", incluso cuando la "solución final" nazi amenazaba con extinguir la existencia de su pueblo. Patrick Woodhouse escribe sobre Hillesum:

Nunca se rindió con la esperanza de ver, a través de las simas de la guerra, el rostro del otro, que también es humano. Como nosotros, ellos también son portadores de la imagen divina, por muy desfigurada y enterrada que esté, y por eso son personas a las que pertenecemos. Quitar de la mente la etiqueta de "enemigo" es como quitar las persianas de una ventana y dejar entrar la luz. Si no los odia, entonces puede empezar a verlos. Aquellos que desean destruirlo son seres humanos.[131]

Lucho con la amable "solución" de Etty, sobre todo por mis propias heridas. He visto a narcisistas infligir dolor, a veces sin vergüenza y con

---

[129] Sr. Jean Marie Dwyer, *The Unfolding Journey: The God Within: Etty Hillesum and Meister Eckhart* (Toronto: Novalis, 2014), loc. 868-69, Kindle.

[130] Etty Hillesum, *The Letters and Diaries of Etty Hillesum* (Grand Rapids: Eerdmans, 2002), 465. En español, véase: *Etty Hillesum. Obras completas (1941-1943)* (Burgos: Monte Carmelo, 2020).

[131] Patrick Woodhouse, *Etty Hillesum: A Life Transformed* (Nueva York: Continuum, 2009), 145.

una crueldad que muestra un desprecio absoluto por las almas a las que están dañando. Pero nunca, nunca quiero convertirme en un reflejo de esta crueldad. Si está en una relación con un narcisista, ya sea un cónyuge o un miembro del personal, un terapeuta o un pastor, debe comprometerse sin descanso a hacer su propio trabajo interior, tanto para protegerse a sí mismo y a los demás de cualquier daño como para participar desde un lugar de compasión centrada en lugar de rabia reactiva. Si no podemos hacer esto, es mejor alejarse. Participar desde un lugar de dolor solo multiplicará el dolor.

Al final, la esperanza de transformación se basa en la presencia de un Dios que conoce perfectamente todas las sombras y luces que hay en nosotros, y no les tiene miedo. Recuerde las ya citadas palabras de Macario: «El corazón es el palacio de Cristo: allí Cristo Rey viene a tomar su descanso, con los ángeles. Él mora allí, caminando dentro de él y colocando su reino allí». Solo aquel que permite que Dios exponga la oscuridad y la luz experimentará la compasión del rey y su presencia sanadora.

La transformación es posible. Aquellos secuestrados por yoes falsos y narcisistas viven en esclavitud y, a su vez, esclavizan a otros. Pero tengo una profunda y permanente esperanza de que un viaje como el del éxodo es posible para cada uno de nosotros. Algunos se resistirán, y los muros del infierno que han elegido los aplastarán. Pero hay un viaje transformador que emprender, aunque sea arduo, y una tierra a lo lejos en la que fluyen la leche y la miel.

RECURSOS ADICIONALES

L. Gregory Jones. *Embodying Forgiveness: A Theological Analysis*. Grand Rapids: Eerdmans, 1995.

Richard Rohr y Paula D'Arcy. *A Spirituality for the Two Halves of Life*. Grabación en audio. Franciscan Media, 2004.

Patrick Woodhouse. *Etty Hillesum: A Life Transformed*. Nueva York: Continuum, 2009.

EPÍLOGO

Se humilló a sí mismo...

Comenzamos este libro con una imagen de la kénosis de Cristo, su vaciamiento, el acto más profundo de humilde entrega y renuncia, en el que Cristo,

> siendo en forma de Dios, no consideró el ser igual a Dios como cosa a que aferrarse, sino que se despojó a sí mismo, tomando forma de siervo, hecho semejante a los hombres; y hallado en su porte exterior como hombre, se humilló a sí mismo, al hacerse obediente hasta la muerte, y muerte de cruz. (Filipenses 2:5-11)

Aunque se sentó a la diestra del Padre, con acceso y poder, Cristo renunció voluntariamente a su posición para convertirse en uno de nosotros, completamente humano, sujeto al trauma del rechazo infantil, a la burla de sus compañeros, al dolor de un padre distante, a la confusión de la pubertad. «No consideró el ser igual a Dios como cosa a que aferrarse», dice Pablo.

Dios el Hijo, entre nosotros, uno de nosotros, y sin embargo siguió un camino tan diferente del camino del poder explotador que se ve en Herodes o César o los zelotes, tan diferente del camino de la certeza y el control que se ve en los fariseos, tan lejos del camino de la movilidad ascendente y el éxito que exige mi cultura. Cuando llegaba la multitud, Jesús no se quedaba mucho tiempo (Mateo 5:1). Hacía cosas milagrosas y decía: «No se lo cuentes a nadie». Le ofrecieron los reinos del mundo, pero los rechazó de plano (Mateo 4:1-11). Su camino era radicalmente humilde y abnegado.

Y, sin embargo, nadamos en las aguas del narcisismo. Somos testigos de un poder que explota, engaña, manipula, coacciona y abusa. Las personalidades políticas compiten en la arena de Twitter en una época en la que las acusaciones mordaces del carácter de un rival son un deporte. Mientras tanto, las historias de abuso y encubrimiento plagan la iglesia. Los pastores evangélicos famosos se enfrentan a caídas fulminantes del poder, mientras que las antiguas celebridades planean regresos prematuros. Es difícil saber en quién confiar. Escucho historias con regularidad sobre el pastor rural atrapado en múltiples aventuras, el líder de muchas sedes que abusa de su personal, el líder institucional que encubre la historia de racismo y sexismo de la institución. Me desanima cuando una teología de la gracia es malversada por aquellos que han abusado del poder, manipulado la verdad y explotado a los indefensos. La gracia nunca encubre el abuso. La gracia expone al abusador, no para avergonzarlo, sino por el bien de la verdad y la sanación de todos.

Para el apóstol Pablo, el camino humilde y no explotador de Jesús es el modelo para todas las relaciones humanas:

> Por tanto, si sienten algún estímulo en su unión con Cristo, algún consuelo en su amor, algún compañerismo en el Espíritu, algún afecto entrañable, llénenme de alegría teniendo un mismo parecer, un mismo amor, unidos en alma y pensamiento. No hagan nada por egoísmo o vanidad; más bien, con humildad consideren a los demás como superiores a ustedes mismos. Cada uno debe velar no solo por sus propios intereses, sino también por los intereses de los demás. La actitud de ustedes debe ser como la de Cristo Jesús. (Filipenses 2:1-5 NVI)

La postura relacional de un cristiano está anclada en nuestra unión con Cristo. Dios habita en nosotros, por el Espíritu, más cerca de nosotros que nuestro propio aliento. Cualquiera que viva de esta profunda relación íntima anhelará ser afín, unificado, desinteresado, humilde, respetuoso y abnegado, todo menos narcisista. De hecho, este es nuestro diseño original, impreso profundamente en nuestro ser, incluso antes de nuestro ansioso aferramiento a otras uniones sustitutivas, otros "programas para la felicidad", como dice Thomas Keating.[132] Es lo que

---

[132] Véase Thomas Keating, *On Divine Therapy* (Nueva York: Lantern, 2012).

anhelamos más profundamente, incluso si nuestro comportamiento lo desafía.

La encarnación resintoniza nuestras almas ansiosas y ávidas, nos recuerda nuestro diseño divino y nos reúne con nuestro centro divino. Jesús es el antídoto viviente contra el narcisismo. Él entra en las aguas del narcisismo, sufre en las aguas del narcisismo, es crucificado en las aguas del narcisismo y, sin embargo, se eleva a través de las aguas para redimir y restaurar todo el cosmos. Jesús hace posible la redención de un asesino arrogante y antagonista que se convierte en el «apóstol de los gentiles». Me llama la atención que el apóstol Pablo, cuya historia es de una transformación notable, no pueda narrar el camino de la redención y la transformación sin situar la encarnación de Jesús en el centro.[133]

La vida de Jesús es la vida que vive dinámicamente en nosotros, y sin embargo, parece que no vivimos desde nuestro yo profundo y verdadero, sino desde yoes contingentes, las máscaras que funcionan durante una temporada, pero que en última instancia nos roban la alegría y la esperanza. Y, no obstante, estamos invitados, con Jesús, a humillarnos. Estamos invitados a dejar las máscaras que protegen y defienden, y a entrar vulnerables en unión y comunión unos con otros. Esta era la esperanza de Pablo. Esta es mi esperanza.

No puedo vivir desde este lugar de profundidad y unión, a menos que esté dispuesto a verme claramente a mí mismo, a ver al narcisista que acecha dentro de mí. Después de haber trabajado con mujeres y hombres diagnosticados como narcisistas durante veinte años, soy más consciente de mis propias estrategias profundamente autoprotectoras. Me doy cuenta de que, aunque no me acerque al espectro narcisista en una prueba psicológica, no soy inmune a la grandiosidad, la explotación, la manipulación, la ausencia de empatía y la evasión de mi verdadero yo (que está anclado en la unión con Dios). Me he dado cuenta de que no puedo *ayudarlos* hasta que me vea claramente a mí mismo, hasta que me

---

[133] También me llama la atención que el proceso de conversión de Pablo, aunque aparentemente instantáneo, haya requerido tres años en un desierto, un lugar de refinamiento. El cambio real lleva mucho tiempo.

acerque con compasión a las partes heridas, cansadas y cautelosas de mí mismo que parecen vivir más intensamente que mi verdadero yo.

Nadamos en las aguas del narcisismo. Esto significa que cada uno de nosotros participa, aunque la mayoría de las veces sin saberlo, en sistemas y patrones de relaciones tóxicas. Un vistazo a las noticias de la noche arroja luz sobre nuestros patrones de violencia, explotación y coacción. Escrolear por Twitter me recuerda lo seguros que nos creemos, y lo rápidos que somos para condenar, e incluso para avergonzar, a los demás. Y, sin embargo, examinar mi día durante una práctica vespertina del examen ignaciano revela mi amarga envidia de otros a los que veo como más importantes que yo, mi miedo a ser incomprendido o a volverme irrelevante, mis hábitos de búsqueda de atención y control. Reconozco que la sanación que más anhelo en mi comunidad y cultura podría comenzar con mi propia humillación.

En los meses que tardé en escribir este libro, recibí varias afirmaciones, sobre todo de aquellos que ven este momento cultural como propicio para un libro como este. Algunos aprovecharon la oportunidad para nombrar al actual presidente y a los líderes políticos, otros a un pastor, algunos a un cónyuge o a un amigo cercano. Muchos esperan una hoja de ruta sobre cómo tratar con los narcisistas en sus vidas. La mayoría ve el narcisismo como un problema "exterior" que deben resolver los médicos y los técnicos del alma.

Al concluir mi escrito, me pregunto si este libro será de alguna ayuda, sobre todo si el lector sigue sin estar dispuesto a explorar su propio narcisismo. ¿Cómo podemos abordar las heridas de los demás si no estamos dispuestos a abordar las nuestras? ¿Podemos siquiera empezar a vivir en la visión de comunidad de Pablo si solo algunos de nosotros somos el problema?

El peligro de escribir un libro sobre un trastorno de la personalidad, como he dicho, es que puede ser un medio para ejercer poder sobre otro, el impulso exactamente opuesto a las palabras visionarias de Pablo. Sin duda, un diagnóstico puede ser un medio de claridad, incluso de esperanza, y posiblemente de sanación. Pero si no hemos superado nuestras propias heridas, puede ser un medio de juicio y una forma barata de autosatisfacción. Lo sé porque viví así durante años después de un acontecimiento terriblemente doloroso que me negué a llorar y sanar adecuadamente, a cambio del falso poder de rabia vengativa, juicio y una etiqueta para quien me hizo daño.

Anhelo vivir como participante en un nuevo orden de cosas, una forma radical de lamento y arrepentimiento, perdón y entrega, esperanza y sanación. En realidad, sin embargo, sigo viviendo entre el viejo orden de la ira y el juicio y este nuevo orden redentor. Todos lo hacemos. Mis clientes que han sufrido abusos espirituales, emocionales o sexuales por parte de un narcisista me recuerdan que el viaje desde las cadenas de la esclavitud hasta la libertad de la fe, la esperanza y el amor es uno largo y desafiante. Pero siempre debo mantener la promesa de una vida más allá del viejo orden, un orden que parece alimentar nuestro apetito por la polarización, la victimización, el autoritarismo y todo lo demás que roba la libertad y la alegría.

Un amable amigo que leyó mi trabajo recientemente me dijo: «Chuck, esta es realmente la historia de todos nosotros». Espero que se haya visto a sí mismo en estas páginas y que lo hayan llevado a la autorreflexión, al arrepentimiento honesto y a la reconciliación relacional. Estoy bastante seguro de que también usted ha visto a muchos otros en estas páginas. Y oro para que haya ofrecido una evaluación profundamente honesta, seria y desafiante para usted, para ellos y para la iglesia. Mi mayor esperanza es que esta lectura lo lleve a la humildad, la "mentalidad de Jesucristo", que permite tanto una evaluación honesta de la violencia que experimentamos como un camino redentor a través de ella.

El camino de Jesús es el único camino que conozco que mantiene la tensión, que nos ofrece el don de sentir nuestra ira sin ser esclavos de ella, que ofrece la honestidad de nombrar la violencia sin recurrir a ella, que ofrece la promesa de la esperanza sin abaratarla. Anhelo ese camino, aunque el viaje hasta él sea largo y sinuoso.

AGRADECIMIENTOS

Hace años, un amigo me desafió: «Siempre estás citando a otros... Confía en tu propia voz». Aunque creo que he descubierto algo de mi propia voz, no puedo evitar reconocer la "nube de testigos" sin cuya sabiduría este libro sería irremediablemente deficiente.

He estado leyendo y aprendiendo de Diane Langberg y Dan Allender desde mediados de la década de 1990. ¿Dónde terminan sus voces y dónde empiezan las mías? Si escucha con atención, oirá ecos de una diversa gama de voces teológicas y pastorales: Spurgeon y Merton, Buechner y Peterson, Nouwen y B. B. Taylor. No lo verá, pero asumirá con razón que los poetas, novelistas y teóricos del trauma están apilados en mi mesita de noche. Se preguntará cómo alguien puede leer a Carl Jung, Richard Rohr y Mary Oliver junto a san Agustín y Juan Calvino.

Usted no los conoce, pero haría bien en susurrar un agradecimiento a las muchas almas con las que he trabajado como pastor, terapeuta, director espiritual, consultor y líder de retiros. Pienso en una mujer que compartió su historia después de una sesión nocturna durante un viaje a la Costa Oeste. Era tarde y yo estaba agotado, pero su historia de valentía frente al abuso narcisista me honró y me conmovió. Esa noche, se convirtió en mi maestra, recordándome que escribiera desde un lugar de esperanza, no de cinismo. Incluso más recientemente, los clientes han dicho: «Esto es lo que me ha ayudado» y «Asegúrese de decir esto». Estoy muy agradecido por todas las personas a las que he tenido el privilegio de pastorear y aconsejar a lo largo de los años.

Estoy más que agradecido a mi esposa, Sara, y a mis hijas, Emma y Maggie, por apoyar mi vocación, que es a veces difícil de describir. Puedo enseñar, escribir y viajar, todo ello con el profundo apoyo de mis hijas, cuyo amor e incluso honestidad conmigo me recuerdan que mi propio trabajo nunca termina. La vida con ellas es simplemente buena, profunda y asombrosamente buena.

Doy gracias a Dios por el Western Theological Seminary y su apoyo a mi vocación. Tengo colegas extraordinarios en el personal y el profesorado, así como estudiantes que me desafían, me regañan y también me enseñan. Han mostrado un gran interés en este tema. Todos ellos me han dado energía.

Un providencial encuentro con el editor de IVP, Jeff Crosby, me llevó a proponer un libro y a establecer una nueva relación editorial, y ha sido profundamente satisfactorio. La excelente edición y los sabios comentarios de Ethan McCarthy perfeccionaron aún más el trabajo, y el apoyo de todo el equipo es gratificante.

Finalmente, al acercarme a los cincuenta años, me encuentro sentado con Jesús más cerca de lo que lo estaba hace una década. El compasivo y humilde Salvador del mundo no tramó nada, no mostró grandiosidad y amó con valentía, revelando el corazón de Dios. Hoy estoy más convencido de que su sonrisa es la cura profunda para nuestra vergüenza generalizada. Descanso en el amor de quien me ve, incluso cuando me escondo, persiguiéndome sin límites. Tengo una esperanza inquebrantable porque nada puede separarnos en última instancia de su amor infinitamente disponible.

APÉNDICE

Cómo enfrentarse a los nueve rostros del narcisismo: estrategias para terapeutas, pastores y amigos que se preocupan por ellos

ENEATIPO 2: EL SALVADOR

Cuando nos relacionamos e interactuamos con un narcisista benevolente, debemos recordar que en su corazón se esconde un caldero de necesidades insatisfechas. Ella anhela ser amada, pero sabotea el amor a través de su comportamiento implacable y adulador. Su grito silencioso es: «¡Ámame, ámame!», incluso si está dando, ayudando y ofreciéndose. Puede estar tan a la defensiva que cualquier indicio que usted le dé de que ha sido hiriente o dañina en su intención o impacto puede sabotear el diálogo.

Cuando trabajo con alguien así, suelo decir algo así como: «Hagamos un trato. Durante esta hora, no tienes que cuidar de nadie, ni siquiera de mí». Cuando ella inevitablemente vuelve a lo mismo, le recuerdo nuestro trato. A medida que nos volvemos más honestos, describo el impacto de sus intentos no solicitados de cuidar de mí. En última instancia, quiero que sepa que está saboteando la conexión real que anhela.

Recuerde que, al perder su capacidad de ayudar, siente que está perdiendo la parte más vital de sí misma. Aunque el orgullo es el pecado fundamental de este rostro del narcisismo, la vergüenza acecha en el fondo, y para evitarla se vuelve hacia el exterior, hacia el otro. Este es su *modus operandi*, y para aquellos que están separados de su yo profundo y verdadero anclado en el amor de Dios, este puede ser el único yo conocido. Puede que sienta compasión por ella cuando recuerde lo amenazante que puede resultarle relajar esa parte de sí misma tan benevolente y narcisista. Nunca ha destacado por otra cosa.

ENEATIPO 3: EL GANADOR

Seguro de sí mismo y confiado, este rostro del narcisismo está bien protegido contra cualquier cosa que amenace su brillante apariencia. Pero la vida en el escenario puede ser solitaria y agotadora, y la esperanza de llegar a su corazón puede residir en su deseo de un respiro del desafío de los logros.

Cuando trabajo con personas así, me ayuda recordar que están mucho más ansiosas de lo que creo. Aunque parecen tranquilas, tienen miedo al fracaso. Aunque aparentan estar en control, están bastante agotadas. Así que propongo una especie de acuerdo: «Durante una hora a la semana, invíteme a ir entre bastidores, detrás de la cortina, fuera del foco de atención, para que pueda ver y oír al verdadero usted».

Cada uno de nosotros anhela ser conocido por lo que somos. Y aunque este rostro del narcisismo puede ser el más brillante y reluciente de todos, también anhela ser conocido por algo más que su fachada exterior. El pecado base del engaño es en realidad una estrategia de supervivencia, una forma de defenderse, de ser visto como herido, frágil, un fracaso. Engaña separando su yo sombrío, pero su propia estrategia de autoprotección se convierte en una estrategia que emplea en todas las relaciones.

Usted le ofrece la posibilidad de la esperanza al brindarle una relación en la que puede relajar sus estrategias y arriesgarse a ser plenamente conocido. Él esquivará y eludirá, y probablemente jugará su juego habitual con usted, pero si puede aguantar, es posible que se le permita entrar entre bastidores, en la belleza de su quebrantamiento.

ENEATIPO 4: EL INDIVIDUALISTA

Querer a esta persona puede ser complicado, porque su capacidad para las emociones puede ser un obstáculo para la conexión. Y aunque ella se sienta como la persona más emocionalmente disponible que el mundo haya conocido, su emotividad y su estilo dramático pueden ser en realidad una estrategia para mantenerlo cerca, pero no demasiado cerca.

A menudo imagino la metáfora de un huracán cuando pienso en esta estrategia relacional. Los aviones especiales llamados "cazadores de huracanes" a menudo capturan imágenes de la belleza y complejidad del huracán, pero pocos pilotos disfrutan adentrándose en los vientos caóticos de la tormenta. La pregunta es: ¿está dispuesto a entrar? ¿Y no confundirá los vientos dramáticos con el ojo tranquilo de la tormenta?

Esta persona cambia el amor normal y sano por el intenso y dramático, así que el trato que hago es este: «¿Me permitirás creer, e incluso ver, que eres más que tus dramáticos vientos arremolinados? ¿Me permitirás entrar en el tranquilo, tierno y vulnerable ojo de la tormenta?». Sé que ella anhela ser vista y comprendida, pero quiero que sepa que no tiene que esforzarse tanto para conseguirlo. Vale la pena conocerla, verla, perseguirla y amarla. Pero probablemente no crea que haya nada más que el huracán.

He descubierto que aquellos que viven de este rostro narcisista a menudo están agotados, y no saben muy bien por qué. Si se dan cuenta de que existe la libertad del drama que ocupa tanto espacio interior y energía relacional, encontrarán un vigor y una resiliencia que no sabían que eran posibles.

ENEATIPO 5: EL INVESTIGADOR

Como narcisista intelectual, esta persona hace todo lo posible por protegerse de cualquier cosa o persona que amenace su omnisciencia. Su estrategia de afrontamiento de intelectualizar la ha mantenido a salvo en un mundo aterrador e impredecible, por lo que relajar esta parte de sí misma resulta bastante arriesgado.

Cuando trabajo con gente así, tengo que ser paciente. Los sentimientos no se pueden forzar ni obligar. E incluso el mero hecho de que esté sentado con otro ser humano podría ser un progreso, ya que está más seguro en la torre de control de su propia cabeza.

El trato que hago con ellos es algo así: «Cuando descubramos que no lo sabe todo, prometo que no me iré, ni me burlaré de usted, ni lo menospreciaré». Me gusta valorar su inteligencia, no como estrategia, sino por una apreciación genuina de lo inteligentes y considerados que pueden ser. Y, sin embargo, quizás la vergüenza más profunda es lo que no saben: no saben relacionarse, no saben conectar. Y así, si puede generar confianza, puede involucrar su inteligencia, un don de Dios, de manera inteligente. Puede ofrecer un recurso de lectura. A menudo recomiendo *Anatomy of the Soul* de Curt Thompson, o *El grito del alma*, de Dan Allender, proponiéndoles que podría ser más fácil hablar y estudiar las emociones antes de profundizar en ellas.

Cuando consigo vislumbrar una pequeña emoción, no me apresuro a saltar o llamar la atención, sino que puedo esperar hasta el final de nuestro tiempo para decir: «Me he dado cuenta de que hoy se te han llenado los ojos de lágrimas al hablar de tu padre. Gracias». Quiero transmitir compromiso con la relación más que mostrar emociones. La transformación será lenta, con despertares tentativos a sus estrategias de supervivencia. Me recuerdo a mí mismo que estoy comprometido no con una transformación instantánea, sino con un cambio lento y gradual.

ENEATIPO 6: EL GUARDIÁN

A veces, puede resultar agotador relacionarse con el narcisista ansioso e hipervigilante, ya que da la sensación de que está constantemente observando, evaluando perpetuamente. Los nuevos terapeutas a menudo se sienten inadecuados con clientes como este. Los pastores pueden sentirse evaluados. Los amigos pueden cansarse de las críticas constantes hacia ellos u otros.

Si usted responde de la misma manera con una crítica de sus hábitos, será reprendido rápidamente. En este caso, haría bien en reconocer que en realidad esta persona está bastante ansiosa, y más aún, bastante agotada por su ansiedad. Sus hábitos controladores y vigilantes son intentos de mantener a raya la ansiedad. Discutir, confrontar o criticar solo sirve para aumentar su ansiedad.

A menudo digo: «Quiero que nuestro espacio juntos sea un espacio de paz para usted, un espacio donde pueda relajarse y sentirse seguro».

Esa es una invitación maravillosa para alguien cuya vida es todo menos pacífica. Sin embargo, aquellos que son narcisistas se resistirán a esta invitación a relajarse, a rendirse, y en su lugar sabotearán su invitación. Pueden fingir cooperación en su invitación al crecimiento, por lealtad hacia usted o hacia un proceso, presentándose para reunirse con usted regularmente, pero sin rendirse a su ansiedad a un nivel más profundo. Puede que les lleve mucho tiempo relajarse y permitirse confiar plenamente en usted. En este espacio de confianza, pueden finalmente bajar la guardia lo suficiente como para recibir comentarios honestos sobre cómo su forma de relacionarse les hace daño a ellos y a los demás.

ENEATIPO 7: EL OPTIMISTA

Como una rana que baila entre ninfeáceas, este narcisista hedonista saltará de una experiencia o placer a otro para evitar el verdadero dolor de su vida. Parecerá que está bien. Convertirá un ceño fruncido en una sonrisa, como suele decirse. Pero usted se irá preguntándose qué está pasando realmente bajo la superficie.

Mi invitación para esta persona es que se detenga el tiempo suficiente como para ser conocida. Podría decir: «Me encantaría que nuestro tiempo juntos fuera un espacio en tu vida en el que puedas salir de la rueda del hámster, respirar hondo y sentir». Su movimiento perpetuo les impide sentir su dolor, su tristeza, su soledad, su anhelo de algo más que una gratificación inmediata. Y por eso, debemos apreciar el gran riesgo que supone para ellos detenerse y quedarse quietos, aunque sea por unos momentos.

Este rostro del narcisismo es atractivo, encantador y cautivante, tanto que aquellos que se encuentran en su camino narcisista pueden cuestionar su propia percepción o juicio de la persona o situación. Nos preocupamos por ellos negándonos a creer que esto es todo lo que hay. Creamos un espacio donde sus patrones habituales pueden relajarse y donde pueden ser verdaderamente conocidos. Con el tiempo, pueden expresar su cansancio de la vida vivida en la rueda del hámster y hacer balance del coste para ellos y para los demás.

Me ayuda recordar que hay tristeza debajo de su fachada optimista. Siento compasión por ellos cuando me doy cuenta de que su ritmo y hábitos frenéticos, incluso adictivos, enmascaran un profundo dolor. Mi compromiso es mantener esta verdad, incluso cuando ellos no lo hacen.

ENEATIPO 8: EL DESAFIADOR

La mayoría de las personas que se encuentran en el camino del desafiador narcisista se sienten derribadas como árboles por un tornado. Puede ser enérgico, implacable y profundamente inconsciente del alcance de su fuerza. Puede ser tachado de acosador, arrogante y desvergonzado.

Y, sin embargo, anhela que alguien entre en su poderoso campo de energía, que se arriesgue a conectar. Como Lennie en *De ratones y hombres*,[134] que anhela abrazar, sostener y apretar, pero puede que no sea consciente de su propio poder. La mayoría no se da cuenta de que gran parte de las personas en el mundo no experimentan la inmensa energía en su ser como ellos la sienten.

Mi compasión crece al darme cuenta de que el desafiador es en realidad un niño o una niña que anhela amor, ser visto y conocido. Mi papel es entrar con valentía en la relación, no con timidez (o no me respetará), como alguien dispuesto a luchar, e incluso a enfrentarse. En la relación, muestro una fuerza segura, modelando la vulnerabilidad y, al mismo tiempo, creando lo que los terapeutas llaman "entorno de contención" para su fuerza y energía. Cuando el desafiador experimenta esto, es más propenso a relajarse un poco, a abrirse, a reconocer su impacto en los demás.

En el fondo, esta es una persona que no quiere que usted la reduzca a un denominador común, emoción o característica, a saber, la ira. Mi trato para ellos: «Pongámonos de acuerdo en que estás enfadado, pero la ira no es todo lo que eres; escuchemos juntos la historia de tu ira».

---

[134] *N. del E.*: novela de John Steinbeck publicada en 1937.

ENEATIPO 9: EL PACIFICADOR

El narcisista pasivo-agresivo es el más sutil de todos, como vimos anteriormente en el libro. En su insalubridad, hierve de rabia silenciosa. Su narcisismo está lejos de ser grandioso; más bien, ejerce un poder que hace que los demás caminen con cuidado y se pregunten cómo ayudar o preocuparse. En su estado más inconsciente, es una paradoja andante: el eneatipo que en su mejor momento es un pacificador sanador es, en este lugar insano, melancólico, exigente y perpetuamente lleno de angustia. En este lugar puede transmitir: «Te quiero cerca, pero no quiero que te acerques».

Hay que ser paciente y estar comprometido cuando se ama a esta persona, porque se está entrando en un territorio que le es totalmente desconocido. Desconectados de una rica vida interior, viven como huérfanos solitarios, vagando por la tierra en busca de un compañero fiel. Usted puede ofrecer una compañía significativa, pero requerirá una intensa intencionalidad, un deseo de traspasar sus defensas y entrar en su perdido mundo interior.

Pueden ponerse sorprendentemente a la defensiva cuando se les pide que consideren cómo hacen daño a los demás. Tenga en cuenta que carecen de conocimiento de sí mismos y de sus patrones relacionales. Son más capaces de nombrar las dinámicas externas que las dinámicas internas. Ven la vida a través del lente de los demás. Así que mi oferta para ellos es esta: «Si te arriesgas a dejar que te persiga, prometo ser amable, pedir permiso, pero presionar más allá incluso cuando te resistas». Alguien que quiera crecer aceptará esta oferta.

ENEATIPO 1: EL PERFECCIONISTA

El narcisista perfeccionista siempre tiene la razón; está tan cegado por la certeza que la curiosidad sobre su vida interior y su impacto es difícil. Este rostro del narcisismo lo protege de las contingencias desordenadas y grises de la vida, del caos que subyace. Mi compasión crece cuando me doy cuenta de que necesita dividir la vida en binarios para existir: blanco y negro, bueno y malo, correcto e incorrecto. Lo protege de los sentimientos caóticos internos.

Este tipo de narcisista puede estar completamente seguro de las injusticias y los males del mundo que lo rodea, pero experimenta ansiedad y vergüenza por su propia maldad interior. Ordenan a su mundo exterior que apacigüe un desorden interior. Exigir rectitud ahí fuera me permite ignorar lo equivocado que hay en mí; exigir bondad ahí fuera me permite ignorar la maldad que hay en mí.

Una forma en la que le ayudo es creando un espacio en el que pueda experimentar un respiro de sí mismo y del mundo roto en el que vive. Creo un espacio de paz para él. Elijo no entrar en un debate, aunque él lo intente. Me niego a jugar su juego. Incluso puedo decir: «No estoy aquí para debatir contigo. Quizá esta pueda ser una relación en la que puedas relajarte». Cuanto más narcisista sea, menos dispuesto estará a relajarse, incluso a cooperar. Puede que incluso encuentre cosas incorrectas en lo que usted dice o en cómo facilita el tiempo. Sin embargo, no se deje llevar por un debate. Eso solo perpetúa el ciclo y alimenta su autoevasión.

Quiero reconocer su anhelo de un mundo justo y ordenado. Su ansiedad sofocante y su frustración latente enmascaran un anhelo más profundo por lo verdadero, lo bueno y lo bello. Este es un buen anhelo. Sin embargo, lo sabotea al tratar de controlar el resultado. Como un adicto, debe llegar al punto de reconocer su impotencia y renunciar al control para poder experimentar la alegría del anhelo sin la certeza del resultado.

www.ingramcontent.com/pod-product-compliance
Lightning Source LLC
LaVergne TN
LVHW051232080426
835513LV00016B/1534